Inhaltsverzeichnis

Die Aufgaben sind so nummeriert: [1]

Hier ist es etwas schwieriger: [1]

So erkennst du eine kniffelige Aufgabe: **1**

Auf den blauen Zetteln findest du
die Lösungen: [543]

Lagebeziehungen angeben – Wege beschreiben

1

3	↓

□ ✏️

links oben rechts unten

3	→

□ ✏️

3	←

□ ✏️

3	↑

□ ✏️

2

2	→
1	↓
3	→

□ ✏️

4	↓
2	→
1	↓

□

5	←
2	↑
1	→

□

4	↑
2	→
1	↓

□

3

3 → 2 ↓ 3 ← 2 ↑

✏️ ● ● ● ● ●
● ● ● ● ●
● ● ● ● ●

1 → 1 ↓ 1 ← 1 ↑

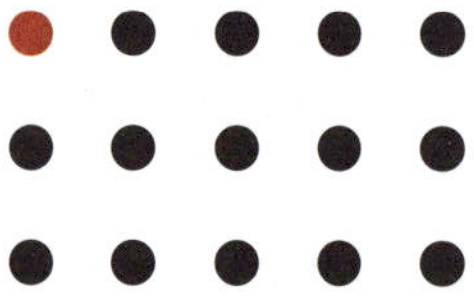

✏️ ● ● ● ● ●
● ● ● ● ●
● ● ● ● ●

1 → 1 ↓ 1 → 1 ↓

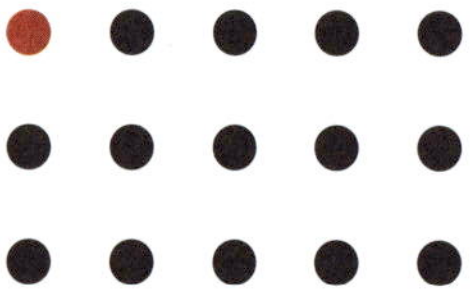

✏️ ● ● ● ● ●
● ● ● ● ●
● ● ● ● ●

1 und 2: Wege nach Vorgabe gehen, Zielfigur benennen und malen; Lage der Figuren in Beziehung zu den anderen Figuren beschreiben 3: Punkte nach Vorgabe mit geraden Linien verbinden

SB 6–7 **TÜ** 2–3

ISBN 978-3-06-083114-2

Liebe Lehrerinnen und Lehrer,

die bundesweiten Vergleichsarbeiten (VERA) zur Lernstandserhebung sind in der Grundschule mittlerweile zu einem festen Bestandteil geworden. Sie werden jährlich gegen Ende der dritten Klasse durchgeführt und sollen das Erreichen der Bildungsstandards überprüfen sowie Hinweise zur Verbesserung der Lernleistungen und für die Weiterentwicklung des Unterrichts geben. Dazu gehört auch die Verbesserung der Diagnosegenauigkeit.

Sich über einen längeren Zeitraum auf Aufgaben zu konzentrieren, ist für viele Schülerinnen und Schüler ungewohnt und anstrengend. Das gilt auch für die Erfahrung, unter Zeitdruck zahlreiche, zum Teil noch unbekannte Aufgabenformate ohne Hilfsmittel bearbeiten zu müssen.

Mit den vorliegenden Lernstandserhebungen möchten wir Ihre Schülerinnen und Schüler und Sie selbst unterstützen:

- Den Schülerinnen und Schülern sollen die vorliegenden Lernstandserhebungen helfen, sich mit sorgfältig ausgewählten Aufgaben, wie sie auch in den Vergleichsarbeiten verwendet werden, **auf die ungewohnte Testsituation vorzubereiten**. Möglicherweise vorhandene Ängste können so abgebaut und es kann Sicherheit gegenüber der zukünftigen Testsituation gewonnen werden.

- Bei Ihrer **täglichen förderdiagnostischen Arbeit** sollen die Lernstandserhebungen Sie unterstützen und dabei helfen, aktuelle Lernstände und vorhandene Kompetenzen Ihrer Schülerinnen und Schüler in den verschiedenen inhaltlichen Bereichen einzuschätzen und den individuellen förderdiagnostischen Bedarf zu ermitteln.

Die Aufgaben sind an den KMK Bildungsstandards sowie den Lehr- und Bildungsplänen der Bundesländer orientiert und fokussieren die dort beschriebenen Lernziele und zu erreichenden Kompetenzen.

Im Auswertungsbogen werden neben den **Aufgabenlösungen** das jeweilige **Niveau** der Aufgabe sowie die jeweils fokussierten **Fähigkeiten**, **Fertigkeiten** und **Kenntnisse** beschrieben, die zur Aufgabenbewältigung im Wesentlichen benötigt werden.

In Anlehnung an die drei in den KMK Bildungsstandards angeführten Anforderungsbereiche „Reproduzieren", „Zusammenhänge herstellen" sowie „Verallgemeinern und Reflektieren" (vgl. Bildungsstandards im Fach Mathematik für den Primarbereich, Beschluss vom 15. 10. 2004, S. 13) und den VERA-Fähigkeitsniveaus 1–3 (vgl. Beschreibung der Fähigkeitsniveaus Mathematik VERA 2009, S. 2) sind den Aufgaben der vorliegenden Lernstandserhebungen drei Niveaustufen zugeordnet, die entsprechend *grundlegende*, *erweiterte* und *fortgeschrittene* Fähigkeiten erfordern.

Niveau 1: „Reproduzieren" → erfordert grundlegende Fähigkeiten

Das Lösen der Aufgabe erfordert Grundwissen und das Ausführen von Routinetätigkeiten.

Niveau 2: „Zusammenhänge herstellen" → erfordert erweiterte Fähigkeiten

Das Lösen der Aufgabe erfordert das Erkennen und das Nutzen von Zusammenhängen.

Niveau 3: „Verallgemeinern, Reflektieren und Beurteilen" → erfordert fortgeschrittene Fähigkeiten

Das Lösen der Aufgabe erfordert komplexe Tätigkeiten wie z. B. Strukturieren, Entwickeln von Strategien, Beurteilen und Verallgemeinern.

Der Auswertungsbogen der Lernstandserhebungen bietet darüber hinaus Platz für Ihre **Beobachtungen und Notizen** zur Einschätzung des jeweiligen Lernstandes des Kindes im Rahmen Ihrer förderdiagnostischen Arbeit.

Den Schülerinnen und Schülern ermöglicht ein einfaches Smiley-System auf den Testseiten die **Selbsteinschätzung** und schafft so eine Basis zur Reflexion des eigenen Lernstandes. Gemeinsam mit dem Kind können anschließend die Ergebnisse aus der Selbsteinschätzung und Ihre Einschätzungen aus dem Auswertungsbogen in einem förderdiagnostischen Gespräch zu einem Gesamtbild zusammengefügt und Lernziele sowie nächste Lernschritte vereinbart werden. Dabei kann es im Sinne einer dialogisch orientierten Förderdiagnostik sehr aufschlussreich sein, nach Lösungswegen und Erklärungen bei falsch gelösten Aufgaben zu fragen, um Einblicke in die Denkwege Ihrer Schülerinnen und Schüler bei der Lösung einer Aufgabe zu bekommen.

Die Lernstandsseiten erheben nicht den Anspruch, eine kontinuierliche Beobachtung und Dokumentation des Lernverlaufs sowie förderdiagnostische Maßnahmen zu ersetzen. Sie können aber einen wichtigen Beitrag zu Ihrer alltäglichen förderdiagnostischen Arbeit leisten.

Ihr Cornelsen Verlag

> *Hinweis:*
> Weitere Lernstandserhebungen zu den hier nicht behandelten Bereichen finden Sie in den Handreichungen.

Erarbeitet von:	Silke Ladel
Redaktion:	Antje Stadermann
Illustrationen:	Gabriele Heinisch
Layout:	Birgit Riemelt, Berlin
Technische Umsetzung:	Jana Faust, Berlin

Liebe Schülerin, lieber Schüler,

1. Schreibe deinen **Namen** und das **Datum**
   oben auf jedes Blatt:

Name:	Datum:

2. **Lies** dir die Aufgabe **in Ruhe** durch.
   Bearbeite sie dann.
   Gehe danach zur **nächsten Aufgabe.**

3. Wenn du die Aufgabe nicht lösen kannst,
   gehe zur **nächsten Aufgabe** und
   versuche es **später noch einmal.**

4. Wenn du eine Aufgabe bearbeitet hast,
   kreuze an, wie schwierig du
   die Aufgabe findest.

   Diese Aufgabe
   ☺ kann ich gut lösen.
   ☺ kann ich nur zum Teil lösen.
   ☹ kann ich gar nicht lösen.

Viel Spaß und viel Erfolg!

Name: Datum:

Wie ist mein Ergebnis?

1 Wie viele Würfel brauchst du zum Bauen?
Beachte verdeckte Bausteine.

a)

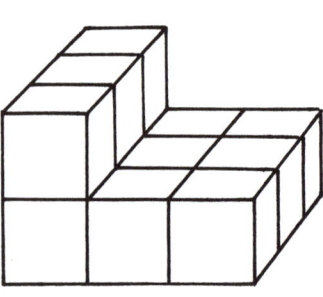

b)

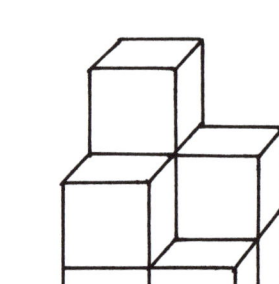

☐ Würfel   ☐ Würfel

2 Berechne.

a) $4 + 5 =$ ☐   **e)** $15 - 8 =$ ☐

b) $9 - 3 =$ ☐   **f)** $6 + 9 =$ ☐

c) $2 + 4 =$ ☐   **g)** $12 - 6 =$ ☐

d) $7 - 3 =$ ☐   **h)** $8 + 7 =$ ☐

 kann ich gut lösen   😐 kann ich nur zum Teil lösen   ☹ kann ich gar nicht lösen

Wie ist mein
Ergebnis?

3 Setze die Wörter richtig ein.

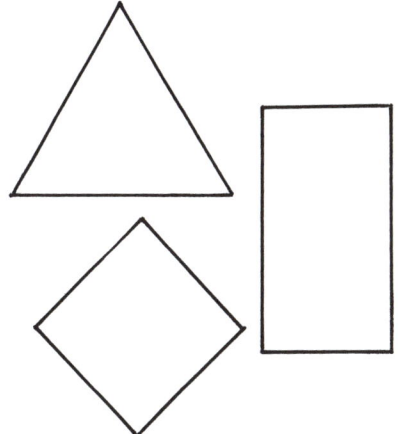

a) **Links** oder **rechts**?

Das ◇ liegt _____ vom ▯.

Das ▯ liegt _____ vom △.

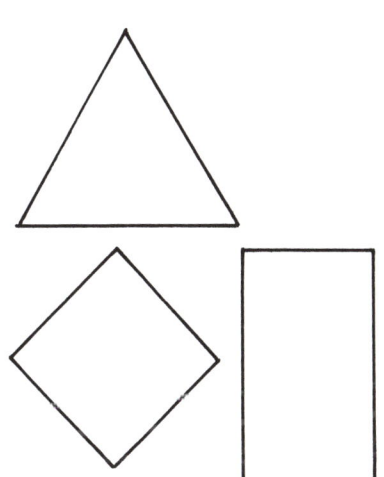

b) **Über** oder **unter**?

Das ▯ liegt _____ dem △.

Das ◇ liegt _____ dem △.

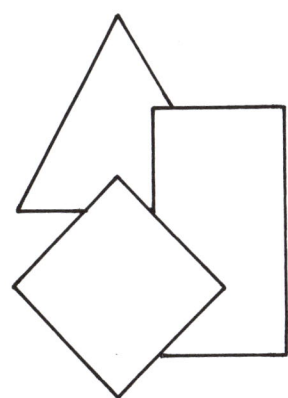

c) **Hinter** oder **vor**?

Das △ liegt _____ dem ◇.

Das ▯ liegt _____ dem △.

Name: Datum:

4 Vervollständige.

a)   4 + ☐ = 15   e)   15 − ☐ = 12

b)   ☐ + 3 = 11   f)   ☐ − 7 = 7

c)   16 = 9 + ☐   g)   4 = 9 − ☐

d)   13 = ☐ + 7   h)   3 = ☐ − 9

5 Setze fort.

a)

b)

c)

d)

Wie ist mein
Ergebnis?

6 Würfelspiel: Immer 10
Beispiel:

   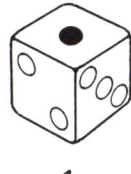   

4   +   1   +   5   = 10

Die 3 Zahlen dürfen nur einmal in einer Rechnung stehen:
4 + 1 + 5 = 10, 5 + 1 + 4 = 10 und 1 + 5 + 4 = 10 gelten
als **eine** Möglichkeit.

a) Schreibe **verschiedene** Möglichkeiten auf.
Nutze nur die Zahlen des Würfels.

☐ + ☐ + ☐ = 10   ☐ + ☐ + ☐ = 10

☐ + ☐ + ☐ = 10   ☐ + ☐ + ☐ = 10

☐ + ☐ + ☐ = 10   ☐ + ☐ + ☐ = 10

☐ + ☐ + ☐ = 10   ☐ + ☐ + ☐ = 10

☐ + ☐ + ☐ = 10   ☐ + ☐ + ☐ = 10

b) Wie viele **verschiedene** Möglichkeiten gibt es,
die **10** zu würfeln?

Name: Datum:

1 a) Welche Bilder passen zur Aufgabe **4 + 5**?
Kreuze **alle** richtigen Lösungen an.

☐   ☐

☐   ☐

b) Stelle die Aufgabe am Zwanzigerfeld dar.

Beispiel: 3 + 4   *Beispiel:*   7 − 3

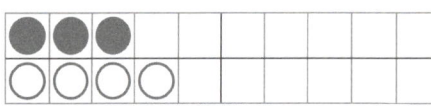   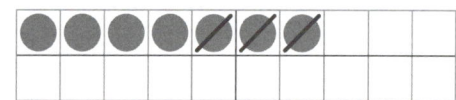

13 − 7   5 + 7

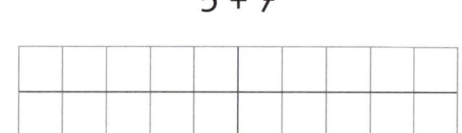

4 + 4   9 − 3

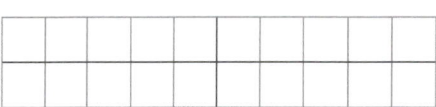   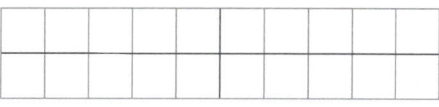

Wie ist mein Ergebnis?

☺ ☺ ☹

2 Streiche falsche Spiegelbilder durch.

☺ ☺ ☹

3 Aufgabenfamilien
Mit den folgenden 3 Zahlen kannst du immer
4 verschiedene Aufgaben bilden.

Beispiel:

$6 + 7 = 13$

$7 + 6 = 13$

$13 - 6 = 7$

$13 - 7 = 6$

```
  7
6      13
```

Bilde jeweils Aufgabenfamilien.

a)

```
   5
8      3
```

b)

```
     9
8        17
```

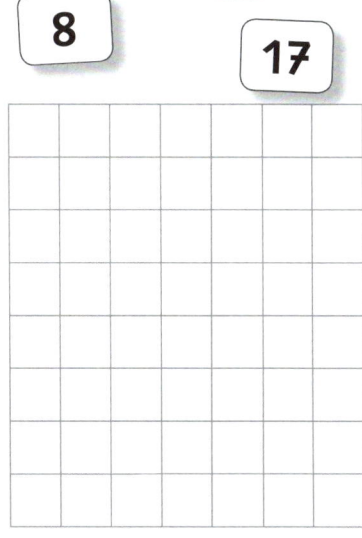

Wie ist mein Ergebnis?

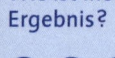

4 **a)** Welche Formen brauchst du zum Auslegen des Rechtecks?
Gib die Anzahl an.

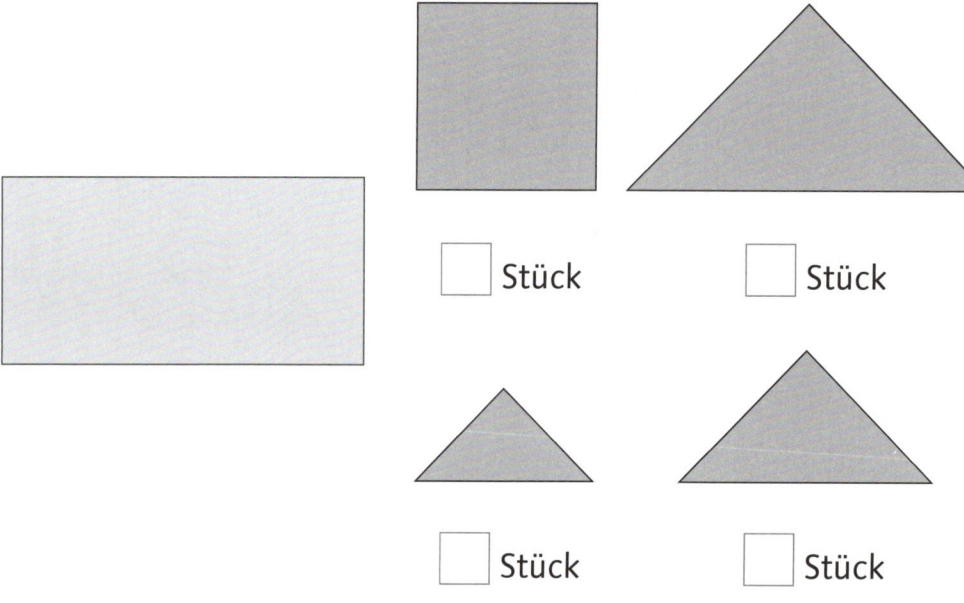

☐ Stück   ☐ Stück

☐ Stück   ☐ Stück

b) Kannst du das Rechteck mit **genau 4 Teilen** auslegen?
Welche brauchst du?

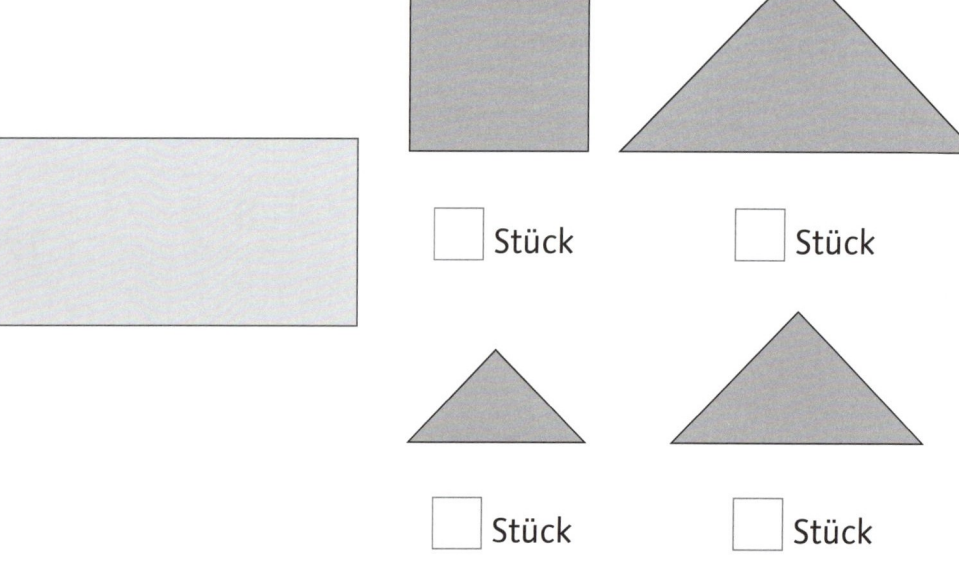

☐ Stück   ☐ Stück

☐ Stück   ☐ Stück

☺ kann ich gut lösen   😐 kann ich nur zum Teil lösen   ☹ kann ich gar nicht lösen

Wie ist mein Ergebnis?

5 Das ist eine Minus-Mauer. Der darunterliegende Stein ist immer der Unterschied zwischen den beiden oberen Steinen.

Beispiel:

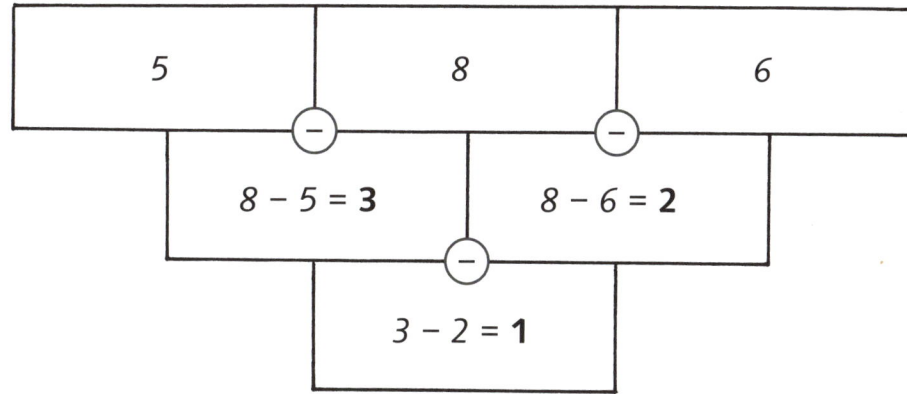

a) Fülle die Mauer so aus, dass unten eine 0 steht.

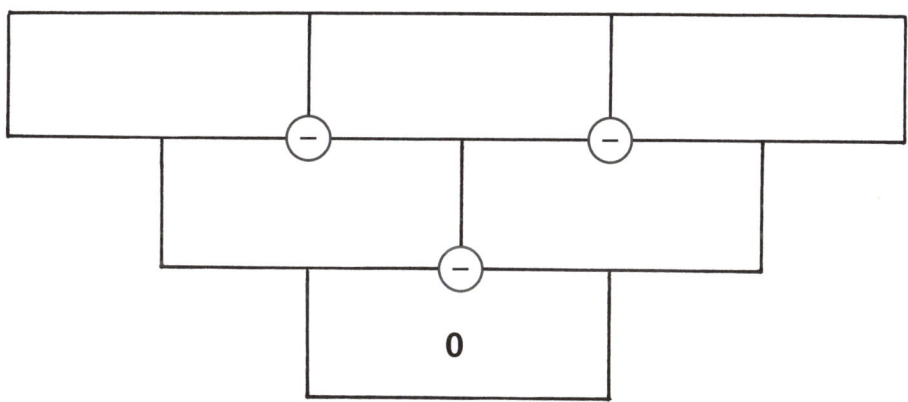

b) Finde eine Minus-Mauer mit einer 1 unten.

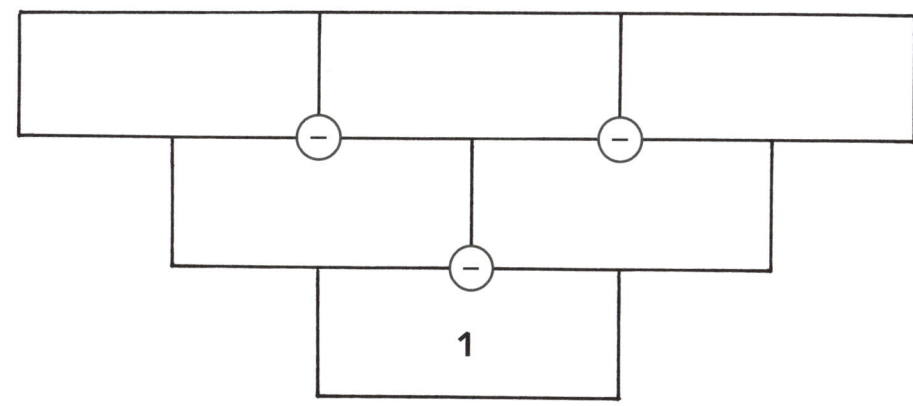

☺ kann ich gut lösen   😐 kann ich nur zum Teil lösen   ☹ kann ich gar nicht lösen

Wie ist mein Ergebnis?

6 Folge der Anweisung. Zeichne den Weg ein.
Wo kommst du an?

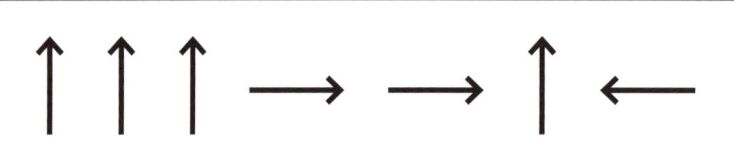

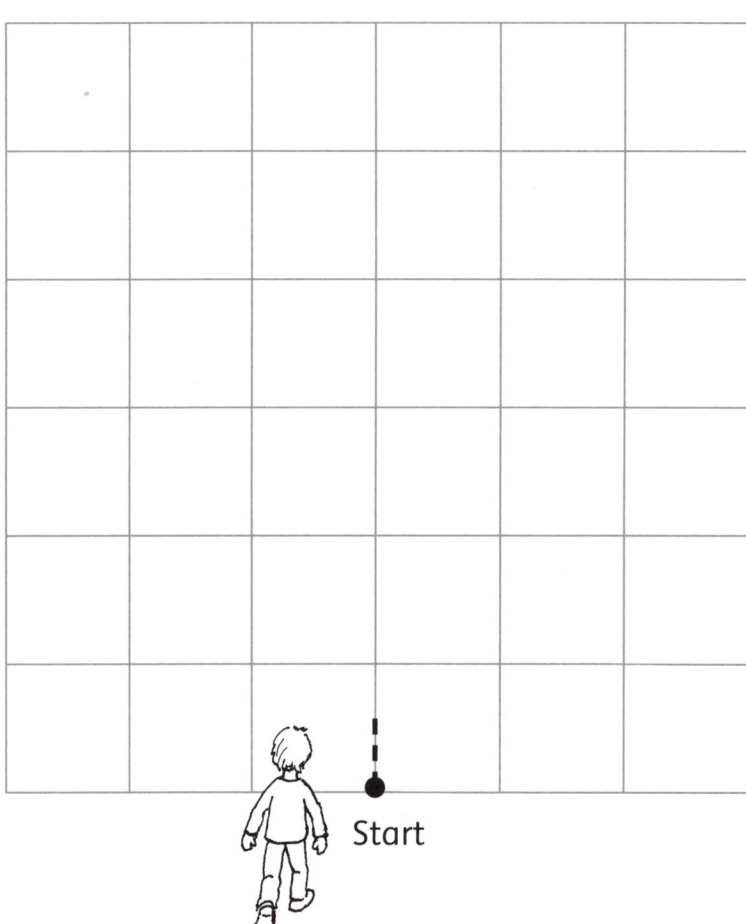

© 2017 Cornelsen Verlag GmbH, Berlin. Alle Rechte vorbehalten.

Auswertungsbogen   Lernstandserhebungen Mathematik, Klasse 1   Name: _____   Klasse: _____

durchgeführt am _____

Lernstandserhebung 1: Zahlen/Operationen und Raum/Form

Aufgabe	Zahlen und Operationen	Raum und Form	Niveau	Fähigkeiten, Fertigkeiten und Kenntnisse	Lösungen	Beobachtungen und Notizen
1		X	1	• Räumliches Vorstellungsvermögen • Erkennen verdeckter Bausteine	**a) 12** Würfel **b) 8** Würfel	
2	X		1	• Addition und Subtraktion im ZR bis 10: Aufg. **a)**, **c)** und **b)**, **d)** • Addition und Subtraktion im ZR bis 20 mit Zehnerübergang: Aufg. **f)**, **h)** und **e)**, **g)**	a) $4+5=\mathbf{9}$ e) $15-8=\mathbf{7}$ b) $9-3=\mathbf{6}$ f) $6+9=\mathbf{15}$ c) $2+4=\mathbf{6}$ g) $12-6=\mathbf{6}$ d) $7-3=\mathbf{4}$ h) $8+7=\mathbf{15}$	

3		X	2	• Korrekte Verwendung der Begriffe „links", „rechts", „unter", „über", „hinter", „vor"
				• Erkennen von Lagebeziehungen
					a) Das Quadrat liegt **links** vom Rechteck.
					   Das Rechteck liegt **rechts** vom Dreieck.
					b) Das Rechteck liegt **unter** dem Dreieck.
					   Das Quadrat liegt **unter** dem Dreieck.
					c) Das Dreieck liegt **hinter** dem Quadrat.
					   Das Rechteck liegt **vor** dem Dreieck.	

4	X		2	• Aufgaben ohne ZÜ: **a)**, **e)**, **g)**; mit ZÜ: **b)**, **c)**, **d)**, **f)**, **h)** • Variation der gesuchten Zahl: 2. Summand: **a)**, **c)**; 1.Summand: **b)**, **d)**; Subtrahend: **e)**, **g)**; Minuend: **f)**, **h)** • Variation der Stelle des Gleichheitszeichens	a) $4+\mathbf{11}=15$ e) $15-\mathbf{3}=12$ b) $\mathbf{8}+3=11$ f) $\mathbf{14}-7=7$ c) $16=9+\mathbf{7}$ g) $4=9-\mathbf{5}$ d) $13=\mathbf{6}+7$ h) $3=\mathbf{12}-9$	

Niveaustufen: 1 = „Reproduzieren" → erfordert grundlegende Fähigkeiten 2 = „Zusammenhänge herstellen" → erfordert erweiterte Fähigkeiten 3 = „Verallgemeinern und Reflektieren" → erfordert fortgeschrittene Fähigkeiten

Auswertungsbogen Lernstandserhebungen Mathematik, Klasse 1

Name: _____   Klasse: _____

durchgeführt am _____

Lernstandserhebung 1: *Zahlen/Operationen* und *Raum/Form*

Aufgabe	Zahlen und Operationen	Raum und Form	Niveau	Fähigkeiten, Fertigkeiten und Kenntnisse	Lösungen	Beobachtungen und Notizen
5		X	3	• Erkennen der Gesetzmäßigkeit • Fortführen der Gesetzmäßigkeit • Beachtung von je zwei Kriterien: Form & Farbe	**a)** Form: Dreieck, Kreis, Wdh. Farbe: schwarz, weiß, Wdh. **b)** Form: Quadrat, Dreieck, Wdh. Farbe: weiß, weiß, schwarz, schwarz, Wdh. **c)** Form: Kreis, Quadrat, Dreieck, Wdh. Farbe: weiß, schwarz, Wdh. **d)** Form: Quadrat, Kreis, Dreieck, Wdh. Farbe: schwarz, weiß, schwarz, Wdh.	
6a	X		2	• Addition dreier Summanden (ohne ZÜ) • Zerlegung der 10 in drei Summanden	Es gibt **6** verschiedene Möglichkeiten: $1+3+6=10$ $2+2+6=10$ $1+4+5=10$ $2+3+5=10$ $2+4+4=10$ $3+3+4=10$ Die Reihenfolge der Summanden kann beliebig gewählt werden.	
6b	X		3	• Kenntnisse über das Vertauschungsgesetz der Addition (z. B. $4+1+5=1+5+4$) • Auffinden aller verschiedenen Kombinationsmöglichkeiten (systematisch oder durch Probieren)		

Niveaustufen: 1 = „Reproduzieren" → erfordert grundlegende Fähigkeiten   2 = „Zusammenhänge herstellen" → erfordert erweiterte Fähigkeiten   3 = „Verallgemeinern und Reflektieren" → erfordert fortgeschrittene Fähigkeiten

Auswertungsbogen Lernstandserhebungen Mathematik, Klasse 1 Name: _____

Klasse: _____

Lernstandserhebung 2: Zahlen/Operationen und Raum/Form

durchgeführt am _____

Aufgabe	Zahlen und Operationen	Raum und Form	Niveau	Fähigkeiten, Fertigkeiten und Kenntnisse	Lösungen	Beobachtungen und Notizen
1				Übersetzung von der symbolischen zur bildhaften Darstellung	**a)** 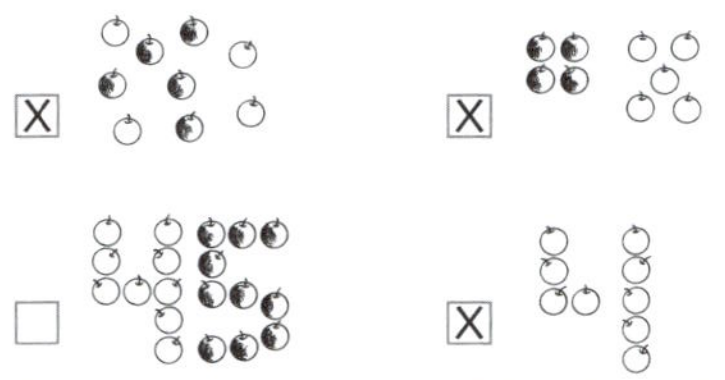	
1a	X		1	• Anzahlen in unterschiedlichen Anordnungen erfassen • Verständnis der Addition als Vereinigung zweier Mengen		
1b	X		1	• Darstellung von Additions- und Subtraktionsaufgaben am Zwanzigerfeld	**b)** Es gibt verschiedene Möglichkeiten, die Lösung einzutragen, z.B.: $13-7$ $5+7$ $4+4$ $9-3$ 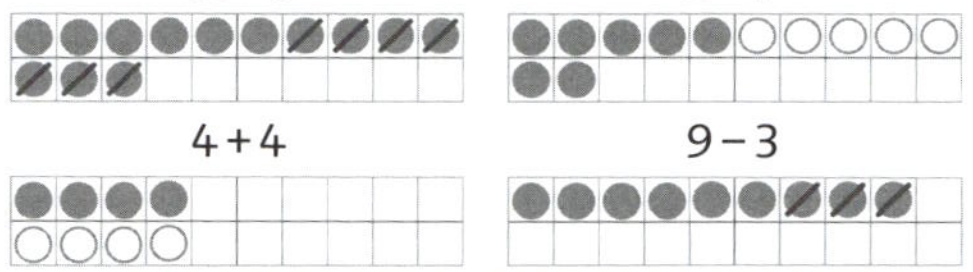	
2		X	1	• Kenntnis des Begriffs „Spiegelbild" • Identifizierung des korrekten Spiegelbilds	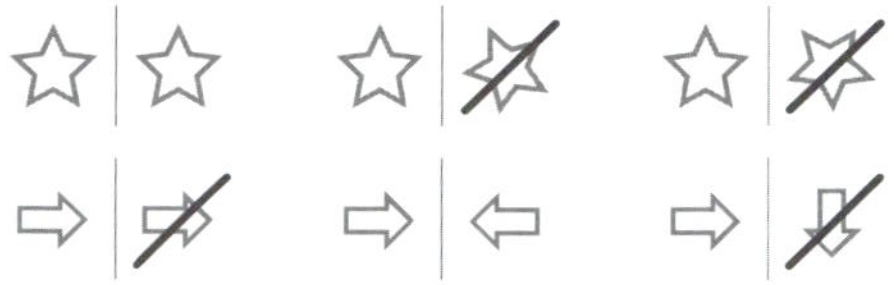	
3	X		2	• Zahlverständnis als Teil – Ganzes • Erkennen des Zusammenhangs zwischen – Aufgabe und Umkehraufgabe – Aufgabe und Tauschaufgabe • Übertragen der Aufgabenfamilie auf Aufgaben ohne ZÜ **(a)** und mit ZÜ **(b)**	**a)** $8-3=5$ **b)** $8+9=17$ $8-5=3$ $9+8=17$ $3+5=8$ $17-8=9$ $5+3=8$ $17-9=8$ Die Reihenfolge kann beliebig gewählt werden.	

Niveaustufen: 1 = „Reproduzieren" → erfordert grundlegende Fähigkeiten 2 = „Zusammenhänge herstellen" → erfordert erweiterte Fähigkeiten 3 = „Verallgemeinern und Reflektieren" → erfordert fortgeschrittene Fähigkeiten

Auswertungsbogen Lernstandserhebungen Mathematik, Klasse 1 Name: _____ Klasse: _____

durchgeführt am _____

Lernstandserhebung 2: Zahlen/Operationen und Raum/Form

Aufgabe	Zahlen und Operationen	Raum und Form	Niveau	Fähigkeiten, Fertigkeiten und Kenntnisse	Lösungen	Beobachtungen und Notizen
4a		X	2	• Kenntnis des Begriffs „Rechteck" • Verständnis des Auslegens als flächeninhaltsgleich (ohne Lücken und ohne Überlappungen)	Es gibt verschiedene Lösungen, z.B.: **a)** 2 Quadrate **oder** 2 Quadrate und 2 mittlere Dreiecke **oder** 1 großes Quadrat und 2 mittlere Dreiecke **b)** 1 Quadrat, 1 mittleres Dreieck und 2 kleine Dreiecke **oder** 1 großes Dreieck, 1 mittleres Dreieck und 2 kleine Dreiecke **oder** 4 mittlere Dreiecke	
4b		X	2	• Erkennen von Zusammenhängen zwischen den gegebenen Formen • Ersetzen von Formen durch flächeninhaltsgleiche andere Formen		
5	X		3	• Kenntnis des Begriffs „Unterschied" • Berechnung von Unterschieden mit/ohne ZÜ • Systematisches Probieren zum Finden der Lösung	z.B.	
6		X	3	• Räumliches Denken • Gehen von Wegen nach Beschreibung • Position: fester Standort		

Niveaustufen: 1 = „Reproduzieren" → erfordert grundlegende Fähigkeiten   2 = „Zusammenhänge herstellen" → erfordert erweiterte Fähigkeiten   3 = „Verallgemeinern und Reflektieren" → erfordert fortgeschrittene Fähigkeiten

Zählen – Bestimmen von Anzahlen

1

2

3

links ⬅ rechts ➡

Die Zahlen 1 und 2

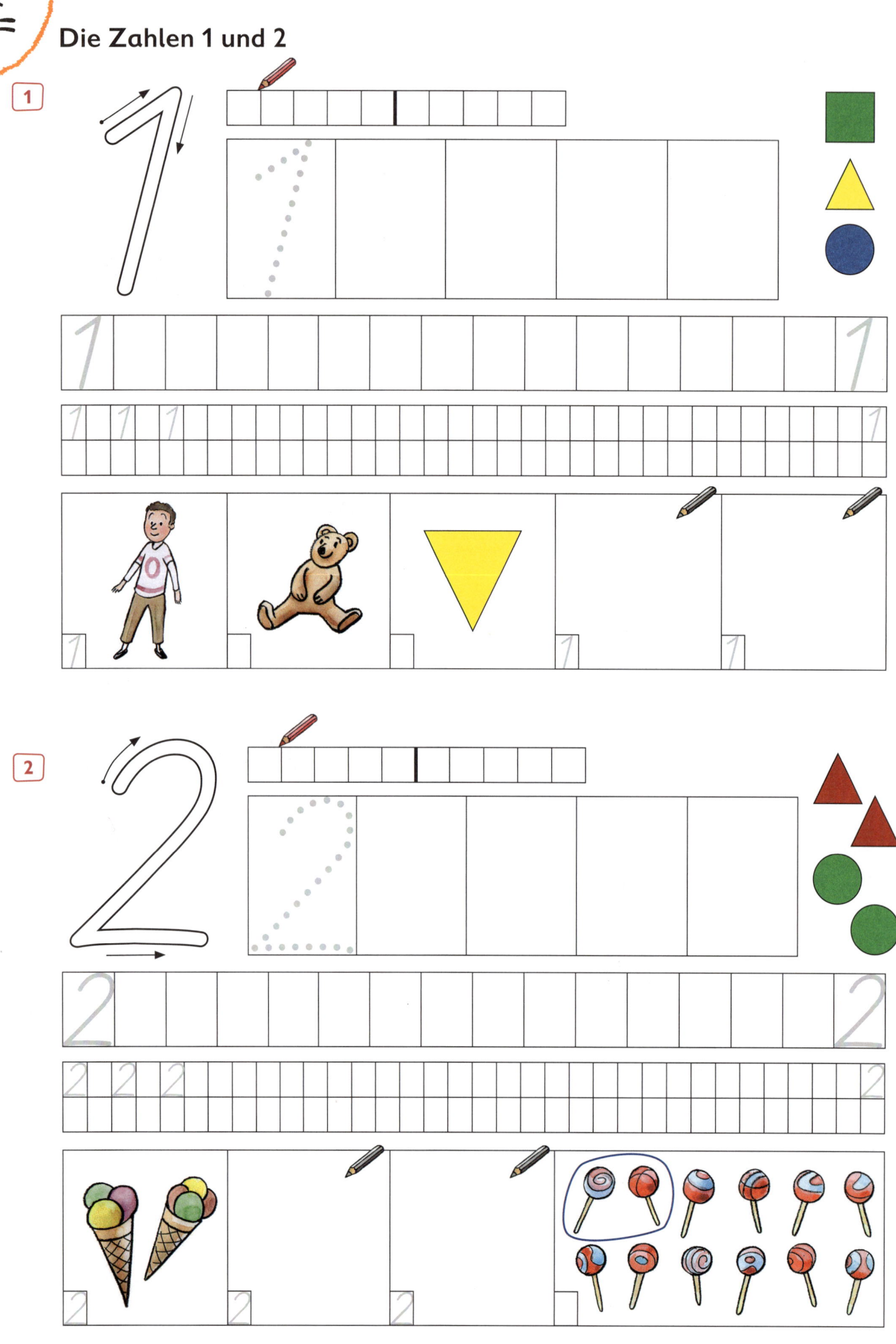

1 und 2: Ziffernschreibweise; Zehnerstreifen färben; Zahlen zuordnen; Malen nach Zahlvorgabe   **SB** 10–11 **TÜ** 5

Die Zahlen 3 und 4

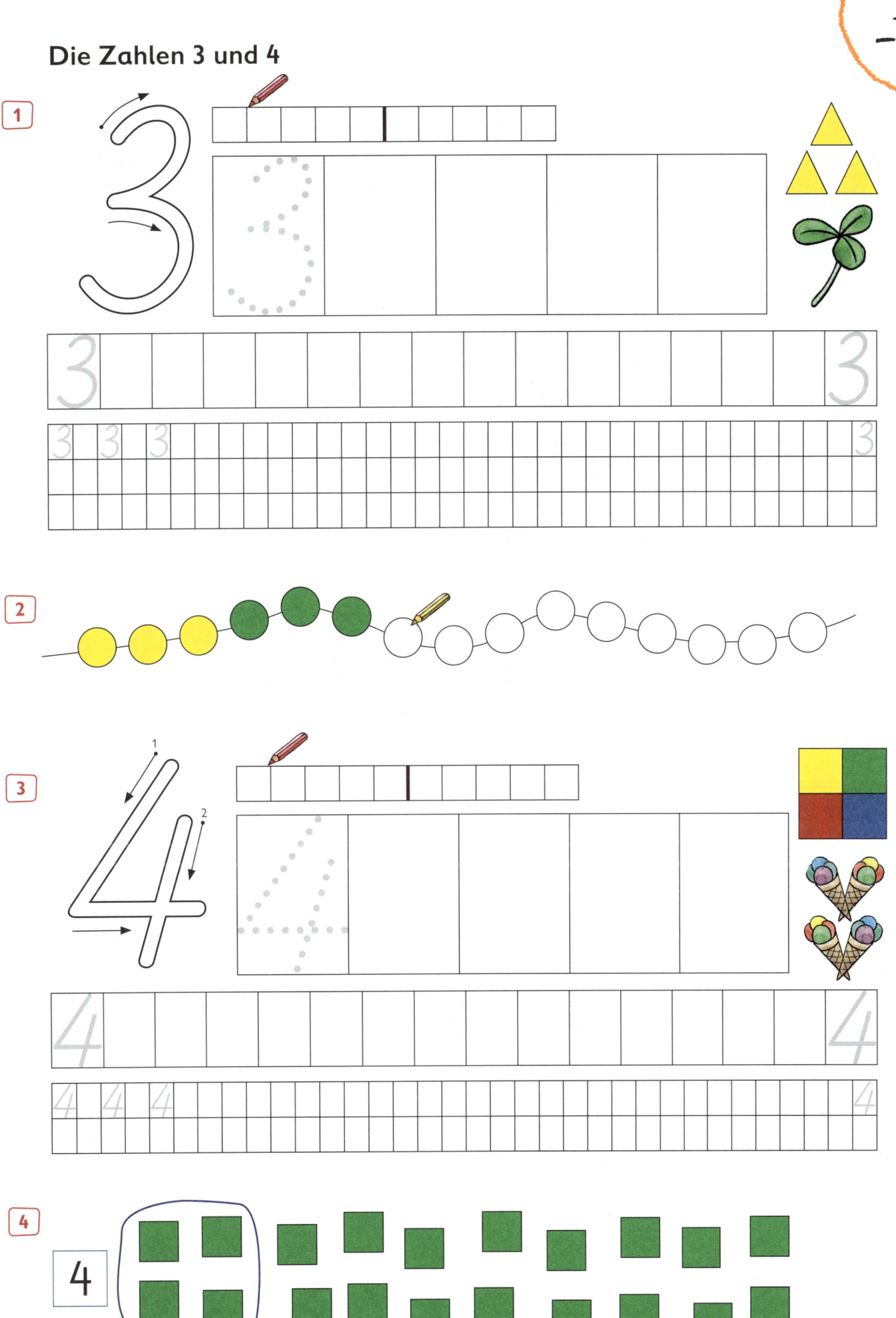

Die Zahlen 5 und 6

1

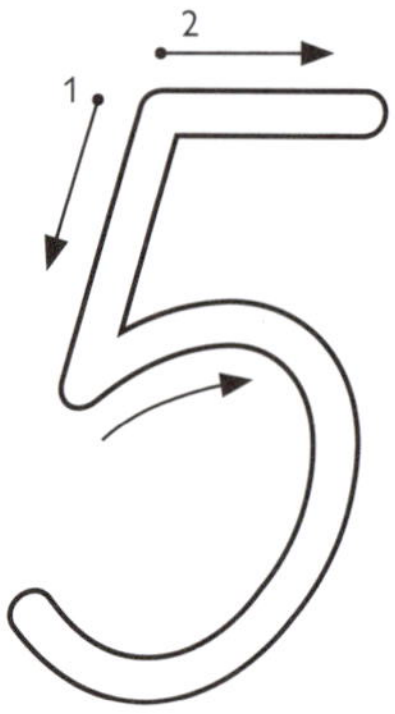

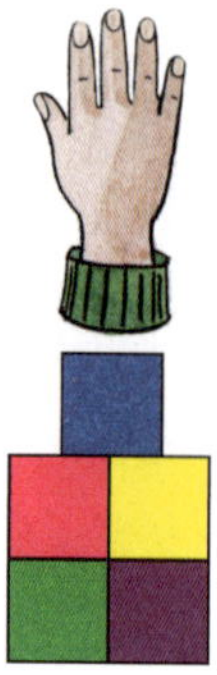

5 5

5 5 5 5

2

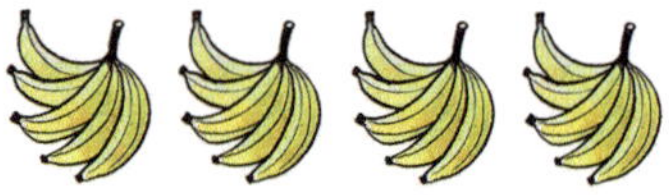

5

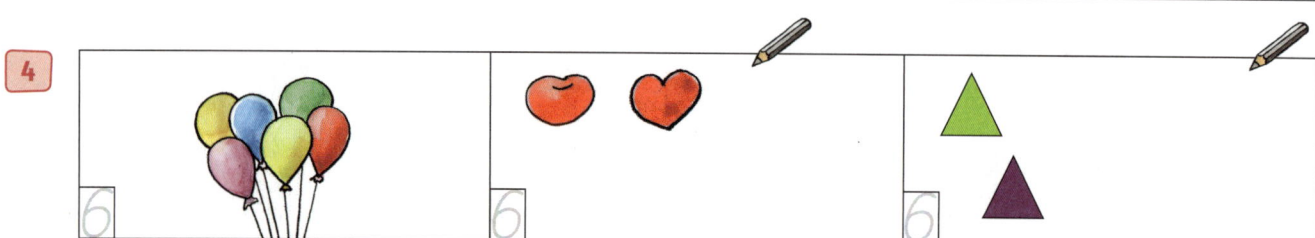

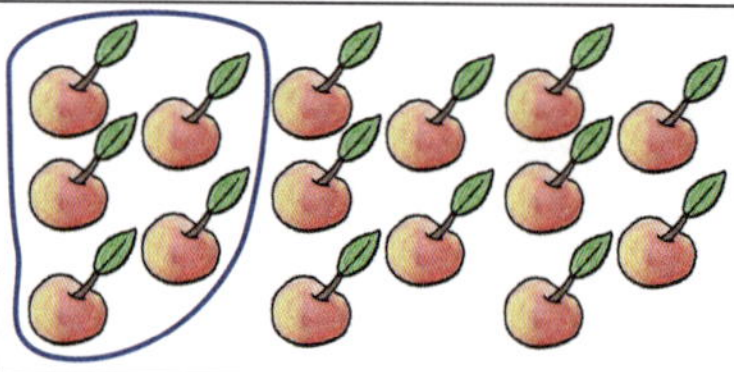

5

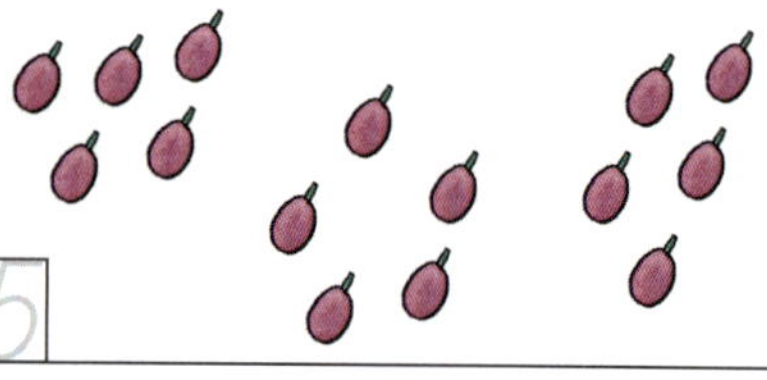

5

3

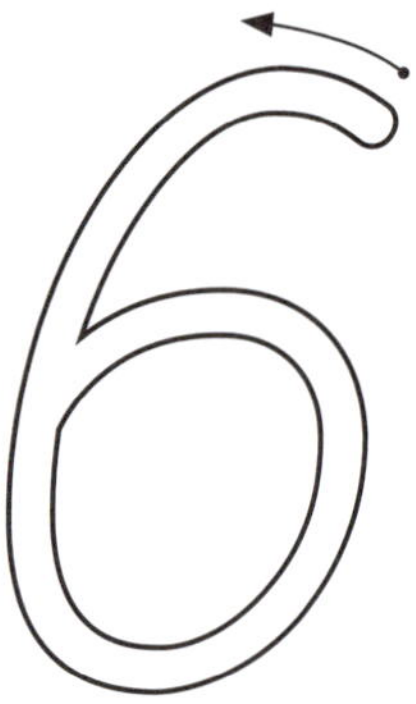

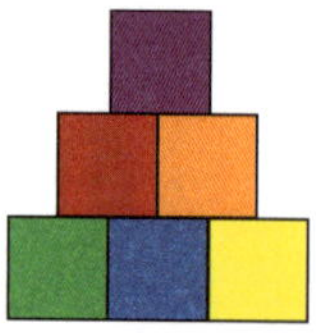

6 6

6 6 6 6

4

6

6

6

1 und 3: Ziffernschreibweise; Zehnerstreifen färben   2: Fünfermengen kennzeichnen
4: Sechsermengen zeichnen

Vergleichen der Zahlen 1 bis 6

1

 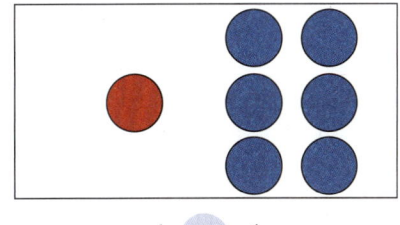 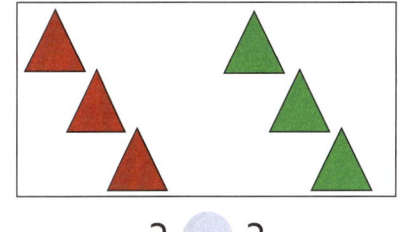

4 ◯ 2   1 ◯ 6   3 ◯ 3

2

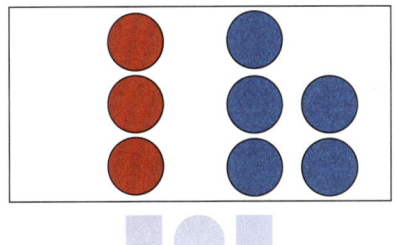 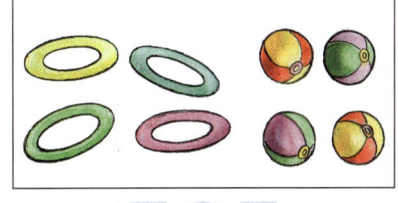 

▢ ◯ ▢   ▢ ◯ ▢   ▢ ◯ ▢

3

6 ◯ 6   3 ◯ 1   2 ◯ 5

4

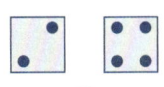 2 ◯ 4    5 = ▢    ▢ ◯ ▢   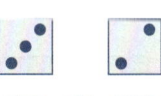 ▢ ◯ ▢   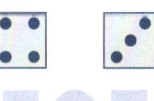 ▢ ◯ ▢    ▢ ◯ ▢

5

1 < 3	4 ◯ 2	5 ◯ 3	2 ◯ 2	6 ◯ 1
3 ◯ 5	2 ◯ 4	6 ◯ 5	3 ◯ 1	2 ◯ 5
2 ◯ 6	5 ◯ 5	5 ◯ 1	3 ◯ 2	1 ◯ 1

6

1: Relationszeichen setzen   2: Zahlen den Mengen zuordnen und Relationszeichen setzen   3: Mengen
den Zahlen zuordnen und Relationszeichen setzen   4: Zahlen zuordnen und Relationszeichen setzen   **SB** 16–17   **TÜ** 7   7
5: Relationszeichen setzen   6: Muster erkennen und färben

Zerlegen von Mengen und Zahlen

1

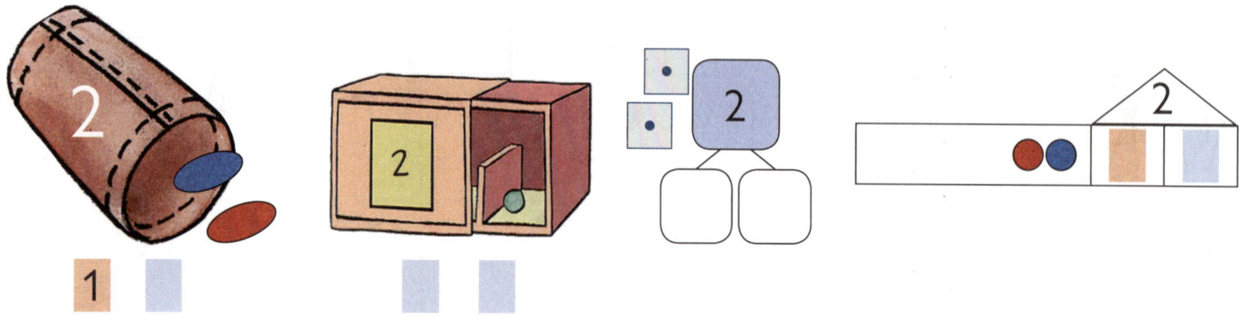

2

3

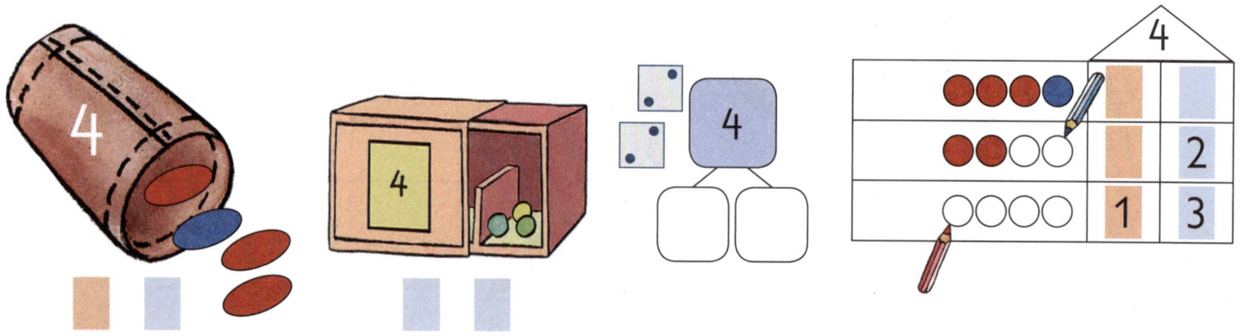

4

5

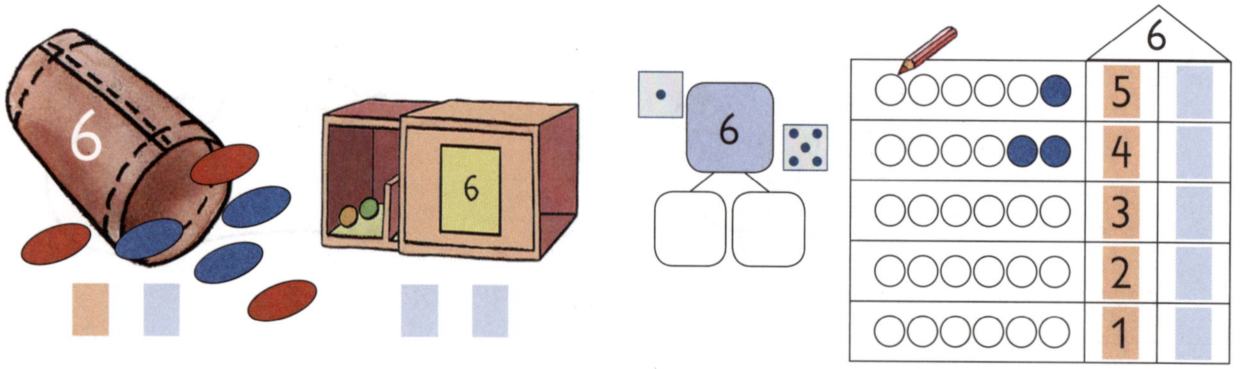

1 bis 5: Zerlegung zur jeweiligen Darstellung angeben

Addieren bis 6

1

☐ + ☐ = ☐   ☐ + ☐ = ☐

☐ ◯ ☐ = ☐   ☐ ◯ ☐ = ☐   ☐ ◯ ☐ = ☐

2

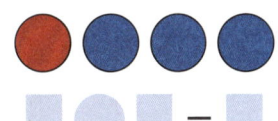  

☐ ◯ ☐ = ☐   ☐ ◯ ☐ = ☐   ☐ ◯ ☐ = ☐

3

 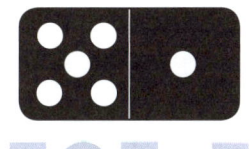 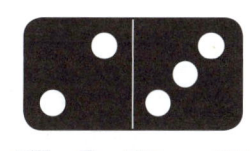 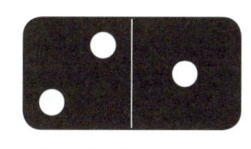

☐ ◯ ☐ = ☐   ☐ ◯ ☐ = ☐   ☐ ◯ ☐ = ☐   ☐ ◯ ☐ = ☐

4

$2 + 3 =$ ☐	$1 + 3 =$ ☐
$4 + 1 =$ ☐	$2 + 4 =$ ☐
$3 + 3 =$ ☐	$2 + 1 =$ ☐
$1 + 4 =$ ☐	$3 + 2 =$ ☐
$2 + 2 =$ ☐	$1 + 2 =$ ☐

5

6

$3 + 1 =$ ☐	$3 +$ ☐ $= 5$
$4 + 2 =$ ☐	$2 +$ ☐ $= 4$
$1 + 2 =$ ☐	$1 +$ ☐ $= 6$
$1 + 5 =$ ☐	$3 +$ ☐ $= 6$
$5 + 1 =$ ☐	$2 +$ ☐ $= 5$

6

☐ $+ 4 = 6$
☐ $+ 3 = 4$
☐ $+ 2 = 5$
☐ $+ 1 = 6$
☐ $+ 3 = 5$

2 3 1 2 5

Addieren bis 6 – Tauschaufgaben

1

4

$1 + 3 = \square$
$3 + \square = \square$
$2 + \square = \square$

5

$2 + \square = \square$
$1 + \square = \square$
$3 + \square = \square$
$4 + \square = \square$

2

6

$\square + \square = \square$
$\square + \square = \square$
$\square + \square = \square$
$\square + \square = \square$
$\square + \square = \square$

3

+	1	3	2
2			
3			
1			

4

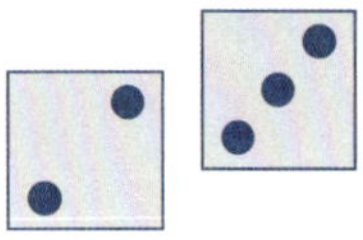

$2 + \square = \square$
$3 + \square = \square$

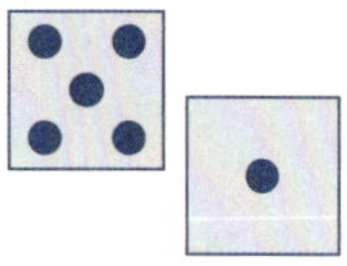

$\square + \square = \square$
$\square + \square = \square$

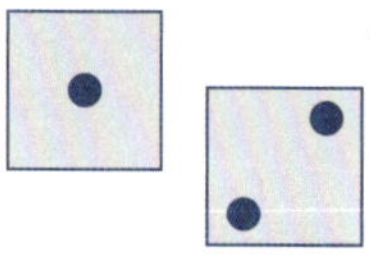

$\square + \square = \square$
$\square + \square = \square$

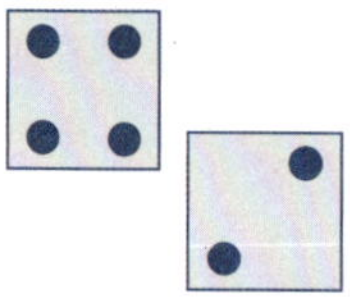

$\square + \square = \square$
$\square + \square = \square$

5

$4 + \square = \square$
$\square + 4 = \square$

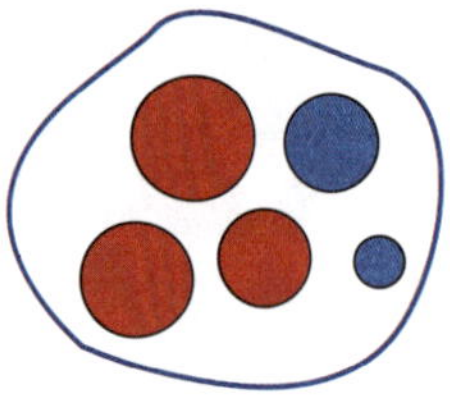

$3 + \square = \square$
$\square + 3 = \square$

$\square + \square = \square$
$\square + \square = \square$

$\square + \square = \square$
$\square + \square = \square$

6

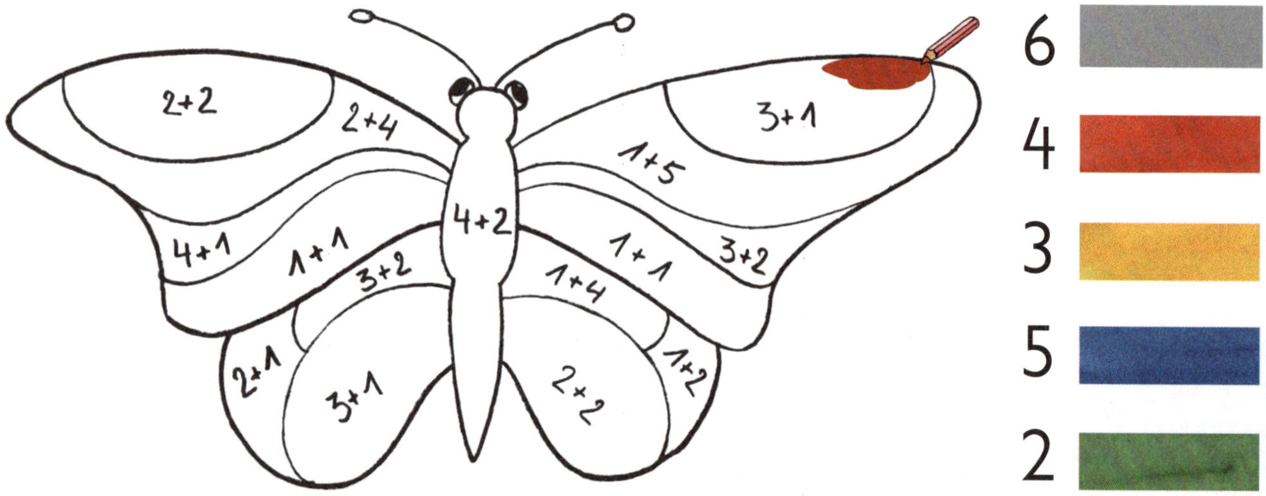

2+2   2+4   3+1
4+1   1+1   1+5
  3+2 4+2 1+1 3+2
2+1 3+1 1+4 1+2
    2+2

6 ▬ (grau)
4 ▬ (rot)
3 ▬ (gelb)
5 ▬ (blau)
2 ▬ (grün)

1 und 2: Platzhalter bestimmen   3: Summe berechnen   4 und 5: Aufgabe und Tauschaufgabe finden und lösen   6: Additionsaufgaben lösen; Ergebnis nach Vorgabe färben

Subtrahieren bis 6

1

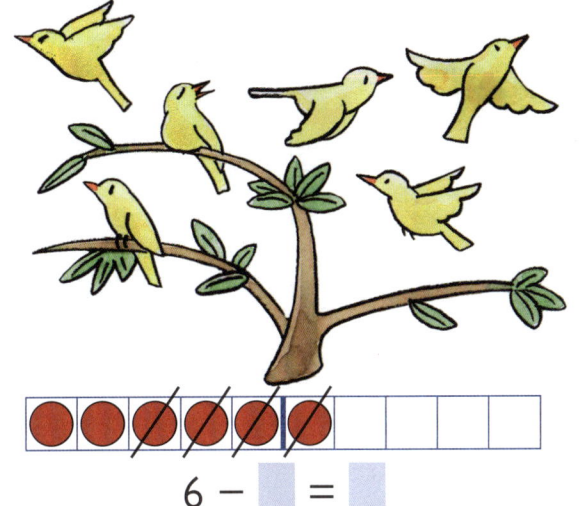

6 − ☐ = ☐   ☐ − ☐ = ☐

2

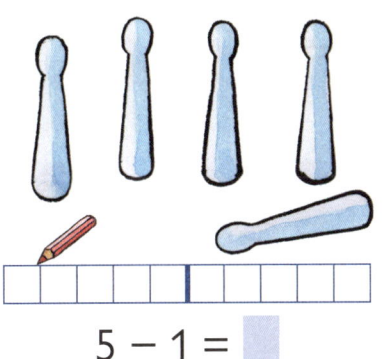  

5 − 1 = ☐   ☐ − ☐ = ☐   ☐ ○ ☐ = ☐

3 Finde die Aufgabe und löse sie.

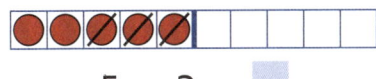 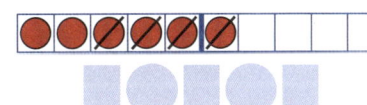 

5 − 3 = ☐   ☐ ○ ☐ ○ ☐   ☐ ○ ☐ ○ ☐

4 Male und rechne.

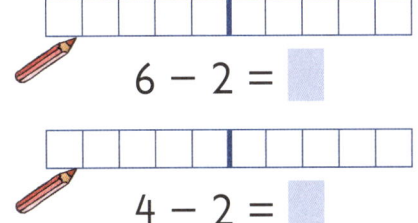 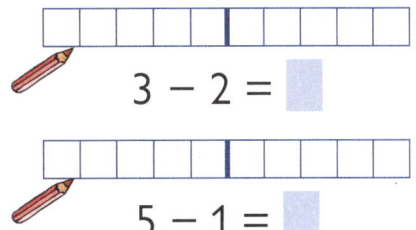 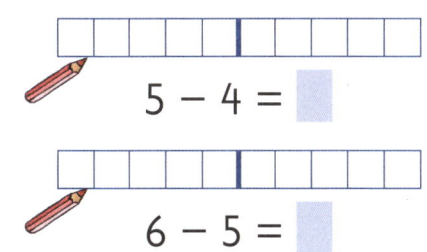

6 − 2 = ☐   3 − 2 = ☐   5 − 4 = ☐

4 − 2 = ☐   5 − 1 = ☐   6 − 5 = ☐

5 Wahr ⓦ oder falsch ⓕ ? Schreibe die richtige Lösung dahinter.

6 − 3 = 3 ⓦ ☐   4 − 2 = 2 ◯ ☐   5 − 4 = 2 ◯ ☐
4 − 1 = 2 ◯ ☐   6 − 5 = 3 ◯ ☐   6 − 4 = 1 ◯ ☐
5 − 3 = 2 ◯ ☐   3 − 1 = 2 ◯ ☐   4 − 3 = 1 ◯ ☐

Addieren und Subtrahieren bis 6

1

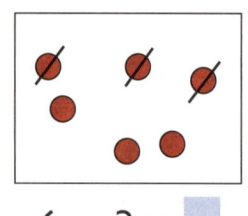  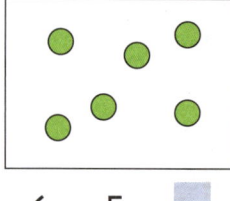 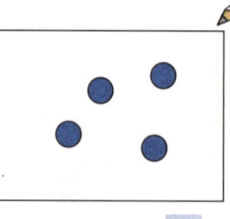 

$6 - 3 = \boxed{}$ $5 - 2 = \boxed{}$ $6 - 5 = \boxed{}$ $4 - 2 = \boxed{}$ $5 - 2 = \boxed{}$

2

| $6 - 4$ |  $3 + 2$ | $2 + 1$ |

$1 + 1$

$6 - 2$ $\boxed{2}$ $\boxed{5}$ $\boxed{4}$ $\boxed{3}$

$6 - 3$

$5 - 1$ $2 + 2$ $1 + 4$

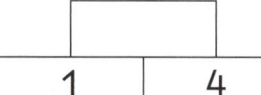

3

$3 + 2 = \boxed{}$ $\quad 1 + 5 = \boxed{}$

$6 - 4 = \boxed{}$ $\quad 5 - 3 = \boxed{}$

$3 + 3 = \boxed{}$ $\quad 4 + 2 = \boxed{}$

$1 + 5 = \boxed{}$ $\quad 6 - 5 = \boxed{}$

4

$\boxed{} - 3 = 3$ $\quad 6 - \boxed{} = 1$

$2 + \boxed{} = 6$ $\quad \boxed{} + 4 = 5$

$6 - \boxed{} = 4$ $\quad 5 - \boxed{} = 2$

$\boxed{} + 2 = 3$ $\quad \boxed{} - 2 = 4$

☐	5	6	6	2
	1	6	2	6
☐	6	2	4	6
	3	1	1	5

5

1	4

3	2

2	4

6	
2	

5	
	2

3	3

6

−	2	4	3
5			
6			

+			1
2	4		
3		6	

−	3		
6			5
4		2	

1: Punkte wegstreichen; Aufgabe zuordnen und lösen   2: Lösungen den Aufgaben zuordnen und entsprechend färben   3 und 4: Addieren und Subtrahieren   5: Rechenmauern lösen   6: Tabellen ergänzen   **SB** 27–28 **TÜ** 13–14

Addieren und Subtrahieren bis 6 – Umkehraufgaben

1

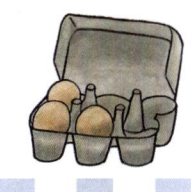

☐ + ☐ = ☐   ☐ + ☐ = ☐   ☐ − ☐ = ☐   ☐ − ☐ = ☐

2 Lege und rechne.

4 + 2 = ☐	1 + 2 = ☐
3 − 1 = ☐	4 − 3 = ☐
2 + 2 = ☐	2 − 1 = ☐
1 + 5 = ☐	3 + 2 = ☐
5 − 3 = ☐	1 + 4 = ☐

3

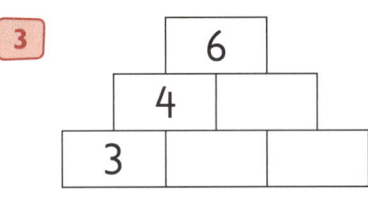
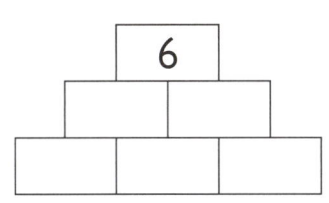

☐ 5 5 4 6 3
  2 1 1 6 2

4

6 − ☐ = ☐   2 + ☐ = ☐

5

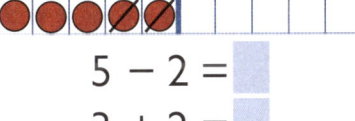

5 − 2 = ☐
3 + 2 = ☐

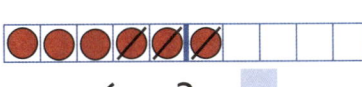

6 − 3 = ☐
3 + ☐ = ☐

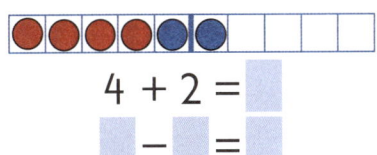

4 + 2 = ☐
☐ − ☐ = ☐

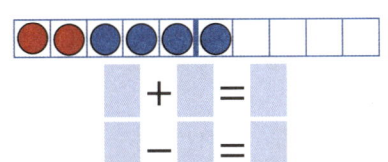

☐ + ☐ = ☐
☐ − ☐ = ☐

6

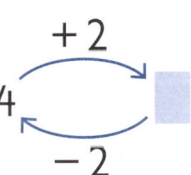

+2
4   ☐
−2

4 + 2 = ☐
☐ − 2 = ☐

+2
3   ☐
−2

3 + 2 = ☐
☐ − 2 = ☐

+☐
1   4
−☐

1 + ☐ = 4
4 − ☐ = ☐

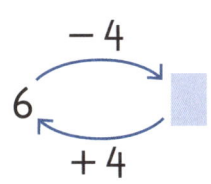

−4
6   ☐
+4

6 − 4 = ☐
☐ + 4 = ☐

Die Zahl 0

1

5 − 1 = ☐   4 − 2 = ☐   2 − 2 = ☐

2

3

| 0 | 1 | 2 | 3 | | | | 4 | 2 | 0 | 3 |

4

3 + 1 = ☐	4 − 1 = ☐	2 + 2 = ☐
4 + 2 = ☐	5 − 2 = ☐	5 − 3 = ☐
0 + 5 = ☐	3 − 0 = ☐	4 + 1 = ☐
3 + 3 = ☐	6 − 2 = ☐	6 − 6 = ☐
6 + 0 = ☐	4 − 4 = ☐	0 + 3 = ☐

5

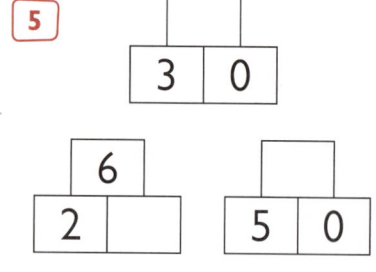

6

0 1 2 3 4 5 6 0

14

1: Differenzen bilden   2: Schreibweise der Ziffer 0   3: Zahlen und Mengen zuordnen   4: Additions- und
Subtraktionsaufgaben lösen   5: Rechenmauern lösen

SB 30–31 **TÜ** 15–16

Die Zahlen 7 und 8

1

2

3

4

Die Zahlen 9 und 10

1 und 3: Ziffernschreibweise; Zehnerstreifen färben   2 und 4: Anzahl nach Vorgabe ergänzen   **SB** 38–39 **TÜ** 18

Vergleichen der Zahlen von 0 bis 10

1

2

3

$\blacksquare = 6$

$\blacksquare > \blacksquare$

$7 < \blacksquare$

4

2 ⬤ 8	2 ⬤ 8	10 ⬤ 6	4 ⬤ 5	3 ⬤ 1
5 ⬤ 3	5 ⬤ 9	2 ⬤ 4	3 ⬤ 3	6 ⬤ 9
7 ⬤ 7	3 ⬤ 7	8 ⬤ 3	0 ⬤ 2	2 ⬤ 7
5 ⬤ 0	10 ⬤ 1	7 ⬤ 5	8 ⬤ 6	5 ⬤ 5
9 ⬤ 4	4 ⬤ 4	9 ⬤ 0	9 ⬤ 5	0 ⬤ 4

5

$8 > \blacksquare$

$4 < \blacksquare$

$7 < \blacksquare$

$9 > \blacksquare$

$0 = \blacksquare$

6

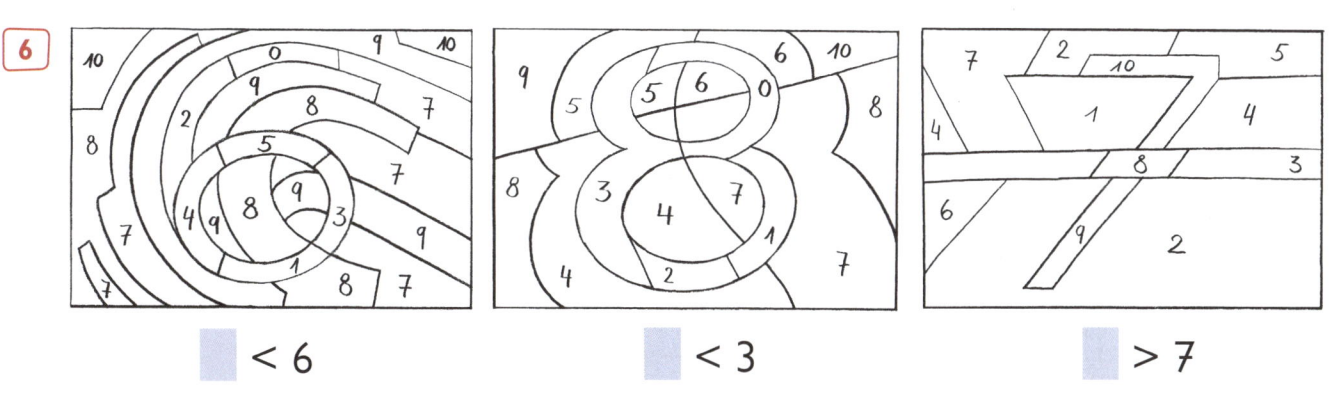

$\blacksquare < 6$

$\blacksquare < 3$

$\blacksquare > 7$

Zerlegen der Zahlen von 1 bis 10

 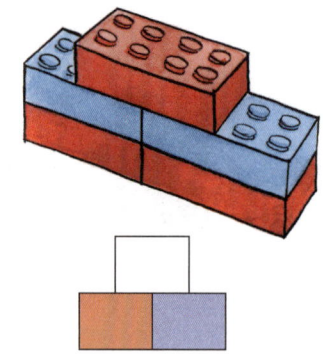 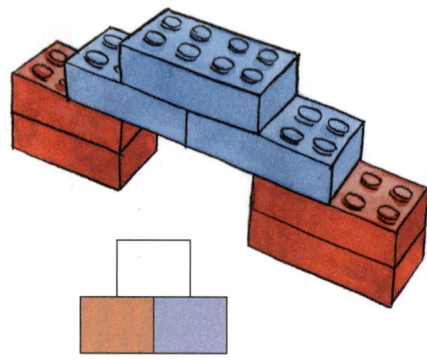

4

 2

 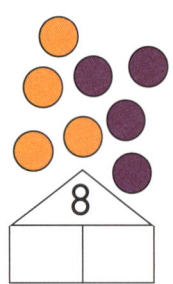 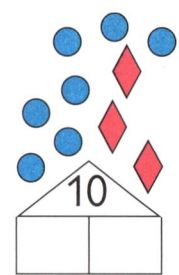   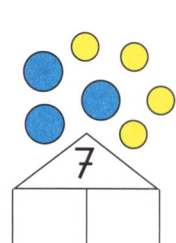

6   8   10   5   9   7

3

9   7   8

3

4

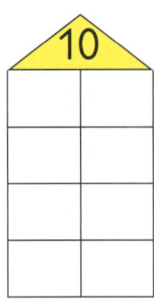 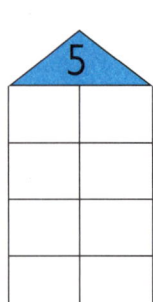 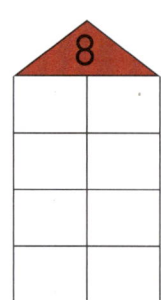 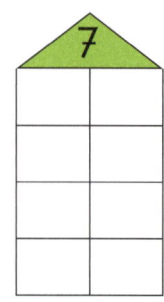 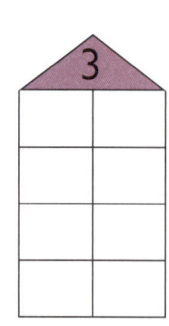

10   5   8   7   3

5

10   10   10   10

Vorgänger und Nachfolger

1

0 — 1 — ☐ — 3 — 4 — ☐ — 6 — ☐ — ☐ — 9 — 10

2 3 4

2

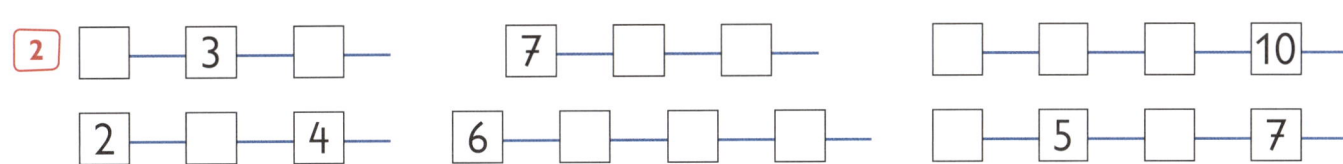

| ☐ | 3 | ☐ | | 7 | ☐ | ☐ | | ☐ | ☐ | ☐ | 10 |

| 2 | ☐ | 4 | | 6 | ☐ | ☐ | ☐ | | ☐ | 5 | ☐ | 7 |

3

V	Z	N
	6	
	3	
	9	
	7	
	5	

V	Z	N
3		
	1	
		5
	9	
7		

V	Z	N
		8
	5	
7		
	2	
		7

4

5

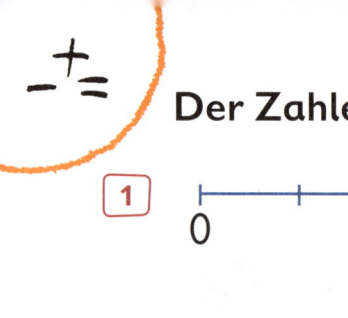

Der Zahlenstrahl

1

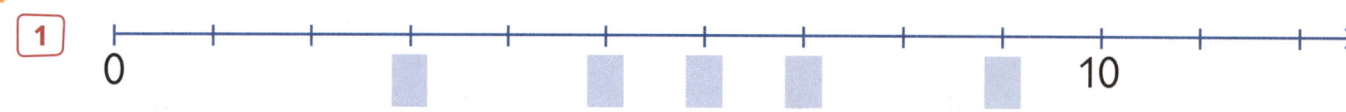

2

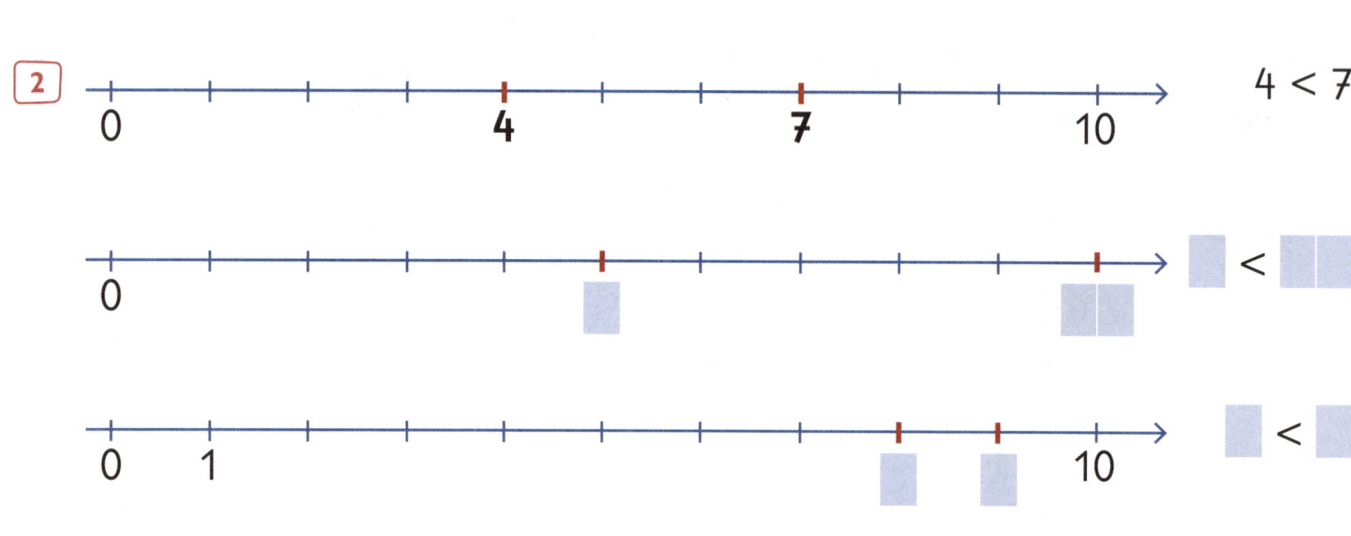

$4 < 7$

3

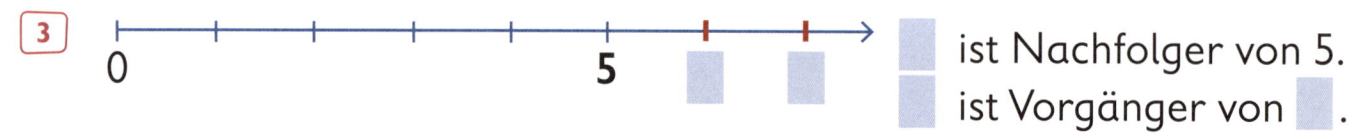

4

5

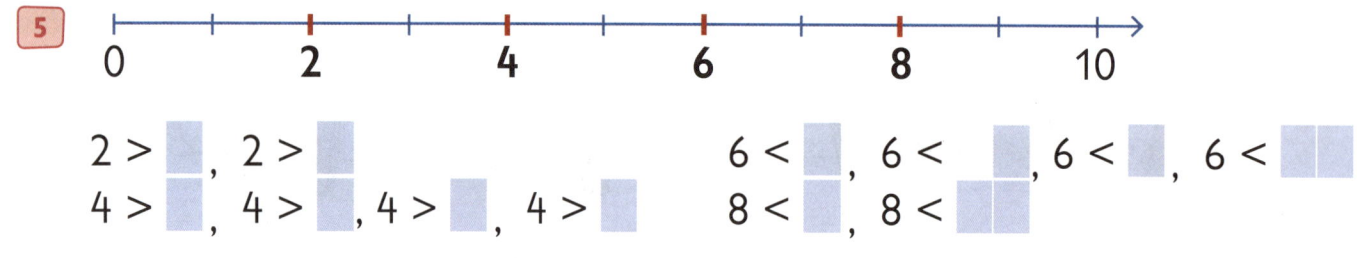

6

7

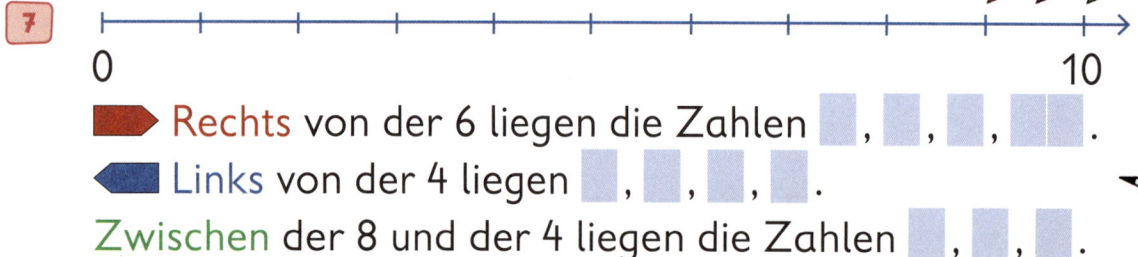

1: Gesuchte Zahlen eintragen   2: Zahlen zuordnen   3: Vorgänger und Nachfolger bestimmen
4: Zahlen angeben   5 und 6: Zahlen finden und eintragen   7: Begriffe „Rechts", „Links" und „Zwischen"
verstehen; Zahlen angeben   **SB** 44–45

Ordnungszahlen

1

2

3

4

5

🟥 1., 3., 10. 🟨 2., 5., 7. 🟦 4., 9. 🟩 6., 8.

Addieren bis 10

1

$3 + \square = \square$ $\square + \square = \square$ $\square \bigcirc \square \bigcirc \square$

2 Lege, male und rechne.

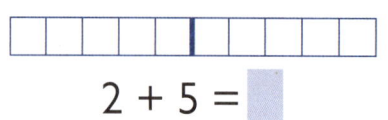

$1 + 6 = \square$ $2 + 5 = \square$ $6 + 4 = \square\square$

3 Rechne.

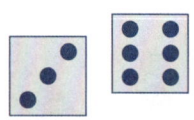  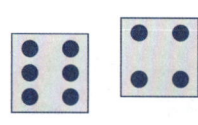 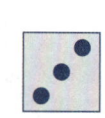 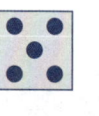

$\square \bigcirc \square = \square$ $\square \bigcirc \square = \square$ $\bigcirc \square \square = \square\square$ $\bigcirc \square \bigcirc \square = \square\square$

4
$3 + 2 = \square$
$1 + 3 = \square$
$3 + 3 = \square$
$5 + 3 = \square$
$4 + 4 = \square$

$3 + \square = 10$
$4 + \square = 9$
$2 + \square = 5$
$1 + \square = 8$
$2 + \square = 7$

5
$\square + 2 = 10$
$\square + 4 = 8$
$\square + 1 = 9$
$\square + 3 = 6$
$\square + 5 = 10$

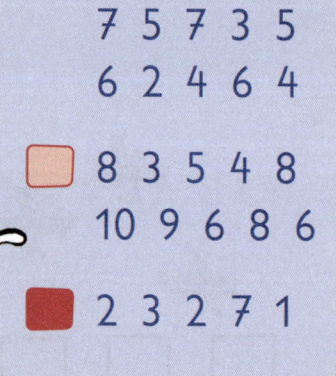

$8\ 6\ 5\ 4\ 8$
$7\ 5\ 7\ 3\ 5$
$6\ 2\ 4\ 6\ 4$

$8\ 3\ 5\ 4\ 8$
$10\ 9\ 6\ 8\ 6$

$2\ 3\ 2\ 7\ 1$

6
$6 + \square = 10$
$2 + \square = 8$
$5 + \square = 7$
$1 + \square = 5$
$3 + \square = 9$

7
$3 + 2 + 5 = \square\square$
$1 + 4 + 3 = \square$
$2 + 2 + 2 = \square$
$5 + 1 + 0 = \square$
$6 + 2 + 1 = \square$

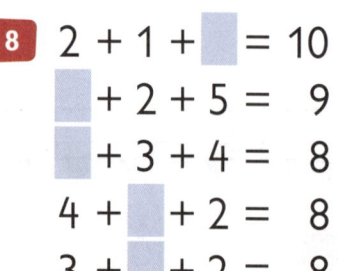

8
$2 + 1 + \square = 10$
$\square + 2 + 5 = 9$
$\square + 3 + 4 = 8$
$4 + \square + 2 = 8$
$3 + \square + 2 = 8$

9 Wie heißt die Summe aus 6 und 3?

$\square \bigcirc \square = \square$

1

3 + ▢ = ▢
4 + ▢ = ▢

3 + ▢ = ▢
5 + ▢ = ▢

3 + ▢ = ▢
2 + ▢ = ▢

Aufgaben und Tauschaufgaben

2

3 + 4 = ▢
▢ + ▢ = ▢

3 + ▢ = 8
▢ + ▢ = 8

2 + 6 = ▢
▢ + ▢ = ▢

1 + ▢ = 9
▢ + ▢ = ▢

5 + 2 = ▢
▢ + ▢ = ▢

2 + ▢ = 6
▢ + ▢ = ▢

3

▢ + 2 = 6
▢ + ▢ = ▢

▢ + ▢ = 9
▢ + ▢ = ▢

▢ + 4 = 9
▢ + ▢ = ▢

▢ + ▢ = 9
▢ + ▢ = ▢

▢ + 9 = 10
▢ + ▢ = ▢▢

▢ + ▢ = 9
▢ + ▢ = ▢

4 Male Aufgabe und Tauschaufgabe in der gleichen Farbe an.

2 + 4 = ▢

1 + 8 = ▢

4 + 5 = ▢

7 + 2 = ▢

8 + 1 = ▢

2 + 7 = ▢

5 + 4 = ▢

3 + 6 = ▢

4 + 2 = ▢

6 + 3 = ▢

5
3 + ▢ = 7
2 + ▢ = 6
5 + ▢ = 10
1 + ▢ = 6
2 + ▢ = 8

6
▢ + 3 = 8
▢ + 1 = 9
▢ + 4 = 7
▢ + 5 = 10
▢ + 3 = 6

7
4 + ▢ = 7
▢ + 5 = 7
▢ + 6 = 7
3 + ▢ = 9
1 + ▢ = 8

6 5 4 5 4

3 5 8 5 3
1 7 3 6 2

8

3	2	3

9

	5	
2		1

10

	8	
		3
3		1

1: Aufgabe und Tauschaufgabe erkennen und lösen   2 und 3: Tauschaufgaben bilden und lösen
4: Aufgabe und Tauschaufgabe mit der gleichen Farbe färben   5 bis 7: Platzhalter bestimmen.
8 bis 10: Rechenmauern lösen

SB 50–51 **TÜ** 22   23

Subtrahieren bis 10

1

$7 - \square = \square$ 　　　 $9 - \square = \square$ 　　　 $\square \bigcirc \square = \square$

2 Lege, male und rechne.

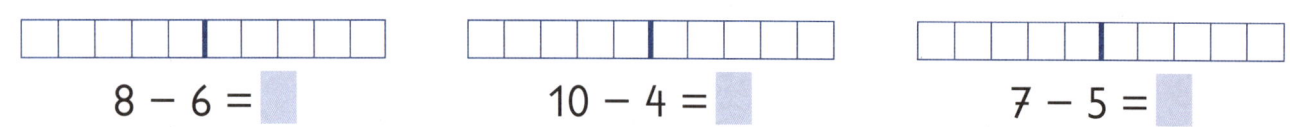

$8 - 6 = \square$ 　　　 $10 - 4 = \square$ 　　　 $7 - 5 = \square$

3 Rechne.

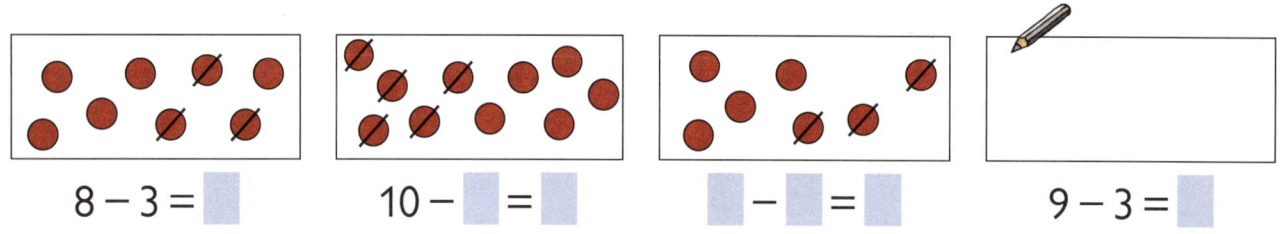

$8 - 3 = \square$ 　　 $10 - \square = \square$ 　　 $\square - \square = \square$ 　　 $9 - 3 = \square$

4
$6 - 3 = \square$
$8 - 4 = \square$
$7 - 6 = \square$
$5 - 4 = \square$
$8 - 6 = \square$

$8 - \square = 5$
$9 - \square = 3$
$10 - \square = 2$
$5 - \square = 1$
$7 - \square = 2$

5
$\square - 3 = 4$
$\square - 5 = 1$
$\square - 2 = 6$
$\square - 7 = 2$
$\square - 6 = 3$

$6 - \square = 5$
$\square - 2 = 7$
$8 - \square = 3$
$6 - \square = 1$
$\square - 3 = 5$

6
$5 - 0 = \square$
$6 - 1 = \square$
$7 - 2 = \square$
$8 - 3 = \square$
$\square - \square = \square$

$7 - 2 = \square$
$7 - 3 = \square$
$7 - 4 = \square$
$\square - \square = \square$
$\square - \square = \square$

7
$3 - 3 = \square$
$4 - 3 = \square$
$5 - 3 = \square$
$\square - \square = \square$
$\square - \square = \square$

$2 - 2 = \square$
$4 - 3 = \square$
$6 - 4 = \square$
$\square - \square = \square$
$\square - \square = \square$

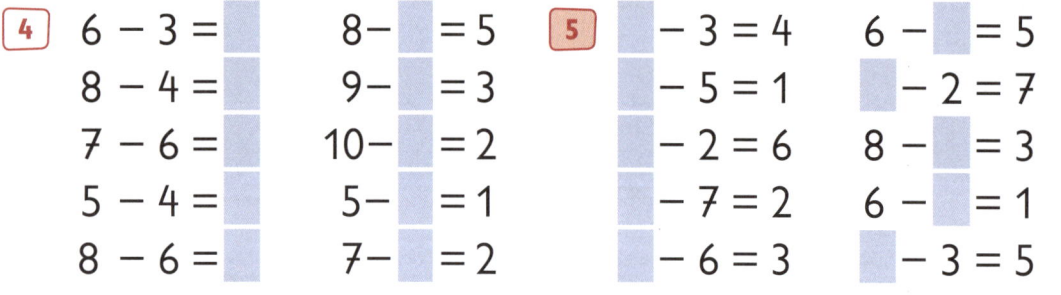

$\square$	1	2	3
	4	1	3
	6	8	4
	5		

$\square$	7	6	9
	9	8	1
	5	5	9
	8		

8 Bilde die Differenz aus 10 und 6.

$\square \square \bigcirc \square = \square$

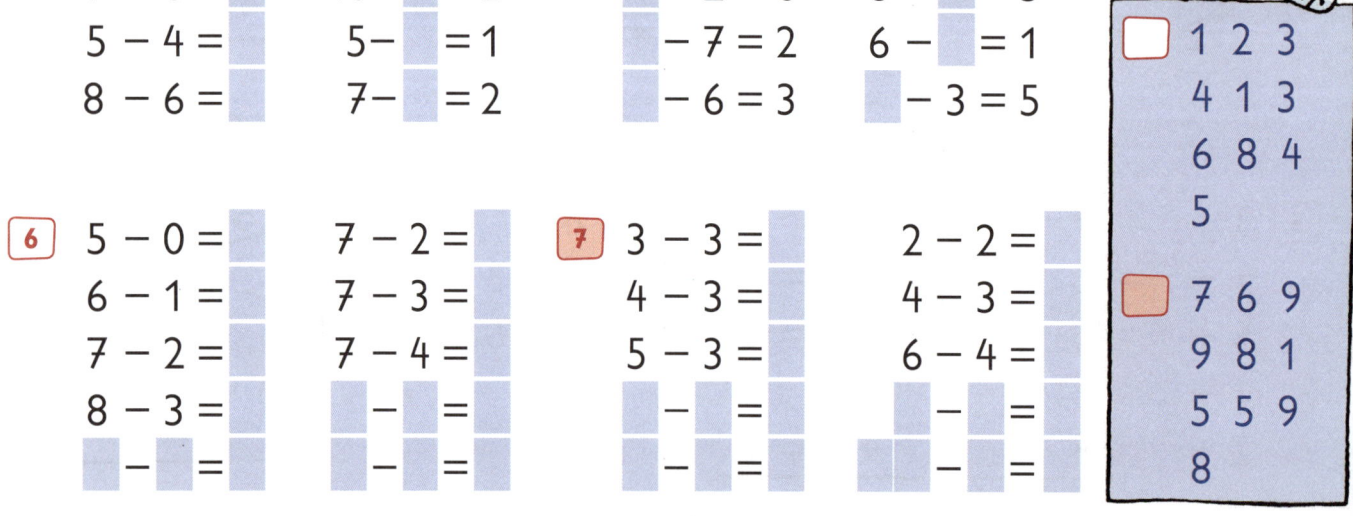

Umkehraufgaben

1

$9 - 4 = \square$
$5 + 4 = \square$

2 $4 + 5 = \square$
$9 - 5 = \square$

$8 + 2 = \square\square$
$10 - \square = \square$

$3 + 4 = \square$
$\square - \square = \square$

$2 + 7 = \square$
$\square - \square = \square$

3 $9 - 6 = \square$
$3 + 6 = \square$

$10 - 4 = \square$
$6 + \square = \square\square$

$8 - 7 = \square$
$\square + \square = \square$

$5 - 4 = \square$
$\square + \square = \square$

4 $3 + 2 = \square$
$\square - \square = \square$

$1 + 5 = \square$
$\square - \square = \square$

$2 + 5 = \square$
$\square - \square = \square$

5 $6 - 4 = \square$
$\square + \square = \square$

$4 - 3 = \square$
$\square + \square = \square$

$7 - 6 = \square$
$\square + \square = \square$

6 $4 + 2 = \square$
$\square - \square = \square$

$8 - 5 = \square$
$\square + \square = \square$

$7 + 3 = \square\square$
$\square\square - \square = \square$

7

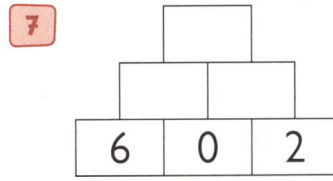
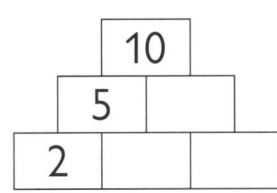
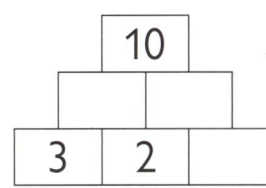
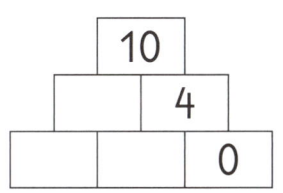

8 $2 + 3 + 4 = \square$
$6 - 2 - 3 = \square$
$5 + 3 + 2 = \square\square$
$4 - 2 - 1 = \square$
$3 + 2 + 2 = \square$

9 $4 + 3 + \square = 8$
$2 + 2 + \square = 6$
$8 - 3 - \square = 3$
$1 + 5 + \square = 10$
$7 - 2 - \square = 2$

Addieren und Subtrahieren bis 10 – Aufgabenfamilien

1
6 + 3 = ☐   ☐ − 3 = 6
3 + 6 = ☐   ☐ − 6 = 3

2 + 6 = ☐   ☐ − 6 = 2
6 + 2 = ☐   ☐ − 2 = 6

> 2 Aufgaben mit ⊕ und 2 Aufgaben mit ⊖ gehören zu einer Aufgabenfamilie.

Bilde Aufgabenfamilien.

2

1 + 5 = ☐   ☐ − 5 = 1
5 + 1 = ☐   ☐ − 1 = 5

3

4 + 5 = ☐   ☐ − 5 = 4
5 + 4 = ☐   ☐ − 4 = 5

4

☐ + ☐ = ☐   ☐ − ☐ = ☐
☐ + ☐ = ☐   ☐ − ☐ = ☐

5

☐ + ☐ = ☐   ☐ − ☐ = ☐
☐ + ☐ = ☐   ☐ − ☐ = ☐

Hier fehlen Zahlen.
Ergänze so, dass du eine Aufgabenfamilie bilden kannst.

6

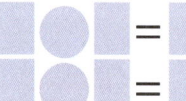

7

  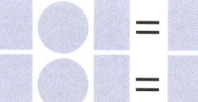

Erzähle.
Finde Aufgaben zum Bild und löse sie.

8

☐ ◯ ☐ = ☐

9

☐ ◯ ☐ = ☐

10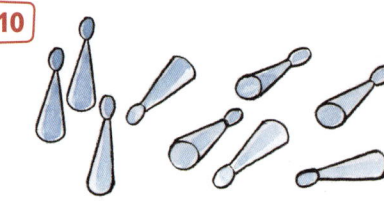

☐ ◯ ☐ = ☐

Sachaufgaben – Rechengeschichten erzählen

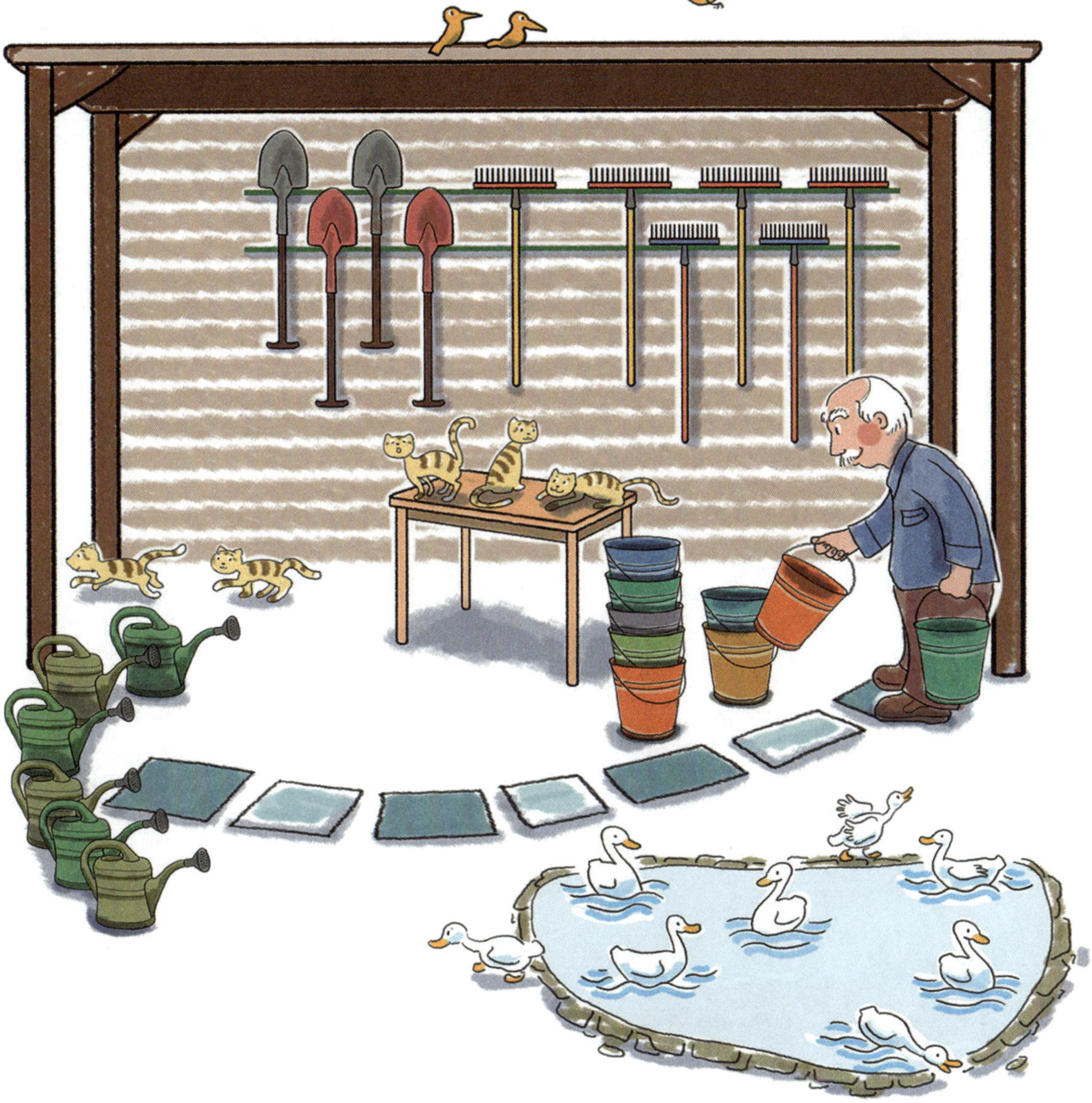

 5 − ⬜ = ⬜

 9 − ⬜ = ⬜

 ⬜ + ⬜ = ⬜

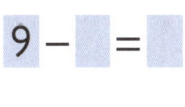 ⬜ + ⬜ = ⬜

 ⬜ + ⬜ = ⬜

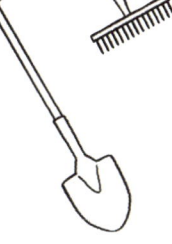 ⬜ + ⬜ = ⬜

 ⬜ + ⬜ = ⬜

 ⬜ − ⬜ = ⬜

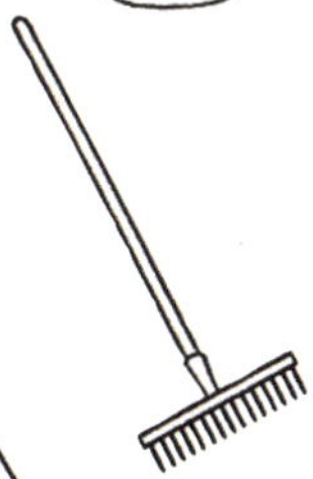

1

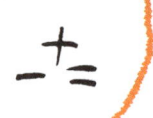

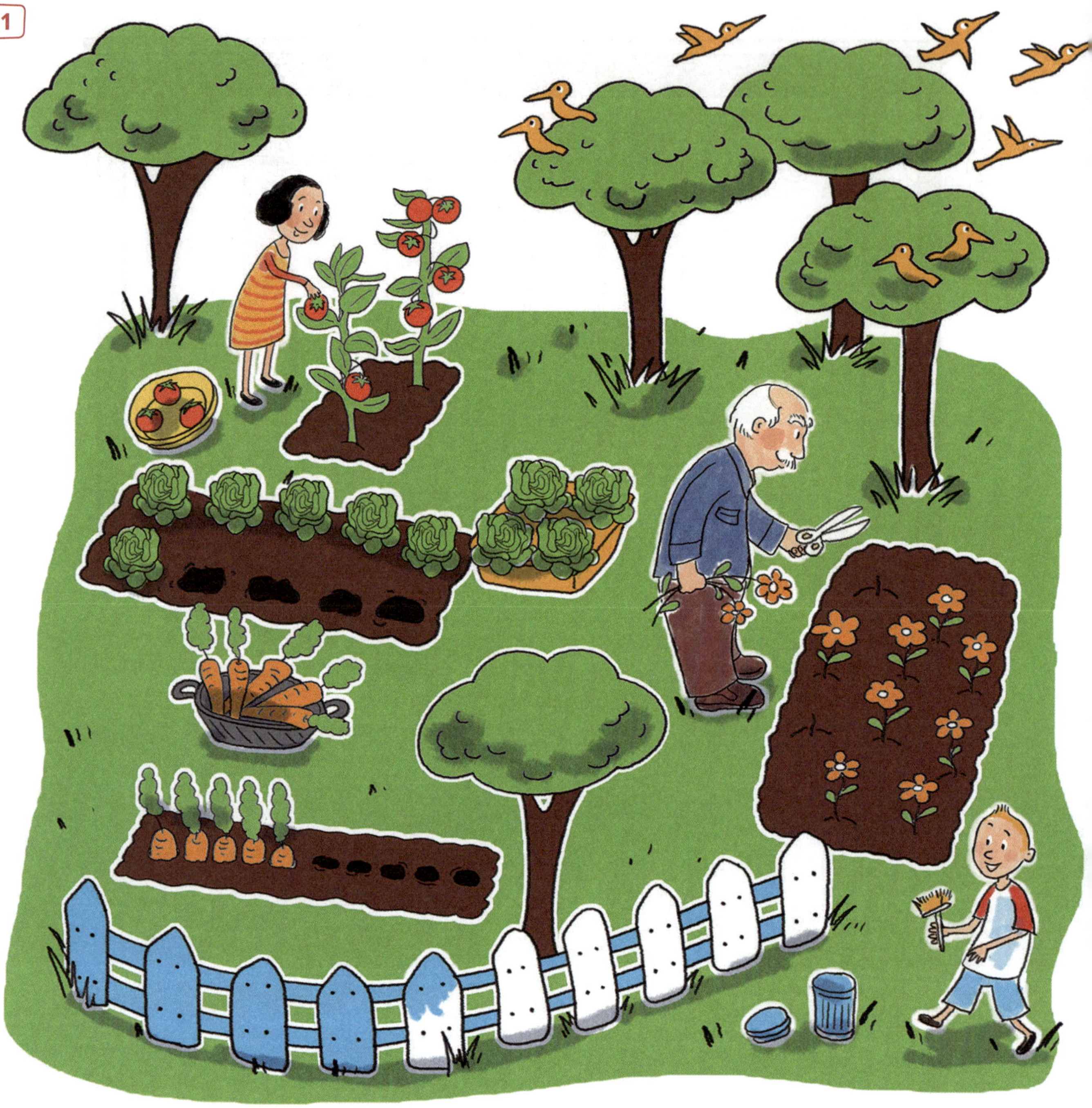

 ☐☐ ◯ ☐ = ☐

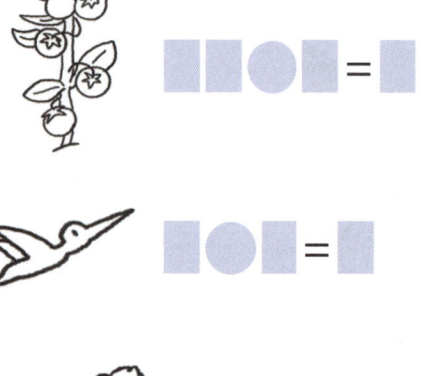

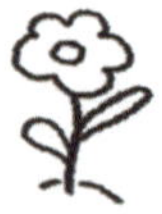 ☐☐ ◯ ☐ = ☐

 ☐ ◯ ☐ = ☐

 ☐☐ ◯ ☐ = ☐

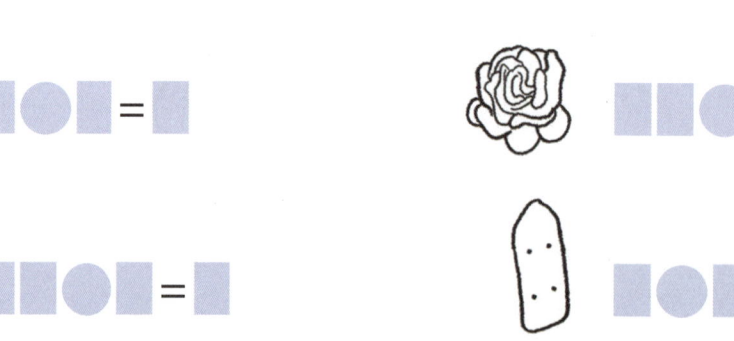

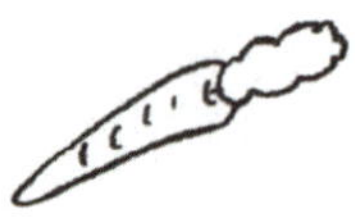 ☐☐ ◯ ☐ = ☐

 ☐ ◯ ☐ = ☐☐

1: Sachverhalte erfassen; zum Bild die Aufgabe bilden und lösen

Gleichungen und Ungleichungen

1 Setze die Zeichen <, =, > ein.

2 + 4 ◯ 8	8 − 5 ◯ 2	5 − 4 ◯ 2	4 + 4 ◯ 7
1 + 5 ◯ 4	10 − 6 ◯ 5	6 + 3 ◯ 9	10 − 5 ◯ 5
2 + 4 ◯ 6	9 − 2 ◯ 6	9 − 5 ◯ 4	6 + 4 ◯ 10

2 Berechne die Summen und Differenzen und vergleiche. Setze die Zeichen <, =, > ein.

Nur ein Zeichen passt!

3 + 4 ◯ 8 − 2	10 − 4 ◯ 2 + 4	9 + 0 ◯ 8 + 1
6 + 3 ◯ 10 − 2	5 − 4 ◯ 4 − 3	8 − 4 ◯ 2 + 3
7 + 2 ◯ 4 + 6	7 + 3 ◯ 6 + 2	10 − 5 ◯ 9 − 4

3 Führe die Reihen weiter.

3 + 0 < 8   7 − 4 > 2
3 + 1 < 8   7 − ▮ > 2
3 + ▮ < 8   7 − ▮ > 2
3 + ▮ < 8   7 − ▮ > 2
3 + ▮ < 8   7 − ▮ > 2

4 Welche Zahlen kannst du einsetzen? Schreibe sie auf.

7 − ▮ > 4
4 + ▮ < 9
6 + ▮ < 10

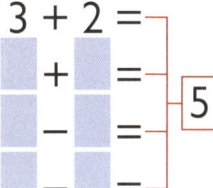

5 Vier Aufgaben haben das gleiche Ergebnis.

6 − 2 = ▮
2 + 2 = ▮
7 − 3 = ▮
0 + 4 = ▮

5 + 2 = ▮
7 − 0 = ▮
10 − 3 = ▮
3 + 4 = ▮

6 Finde 4 Aufgaben zum gleichen Ergebnis.

3 + 2 = ▮
▮ + ▮ = 5
▮ − ▮ = ▮
▮ − ▮ = ▮

2 + 4 + ▮ = ▮
▮ + ▮ + ▮ = ▮
▮ + ▮ + ▮ = ▮
▮ + ▮ + ▮ = ▮

7 Berechne die Summe aus 3 und 6.

8 Berechne die Differenz aus 9 und 6.

Geldwerte von 1 Cent bis 10 Cent

1 Kreise immer 10 Cent ein.

2

▨ ct	▨▨ ct	▨ ct	▨ ct

3

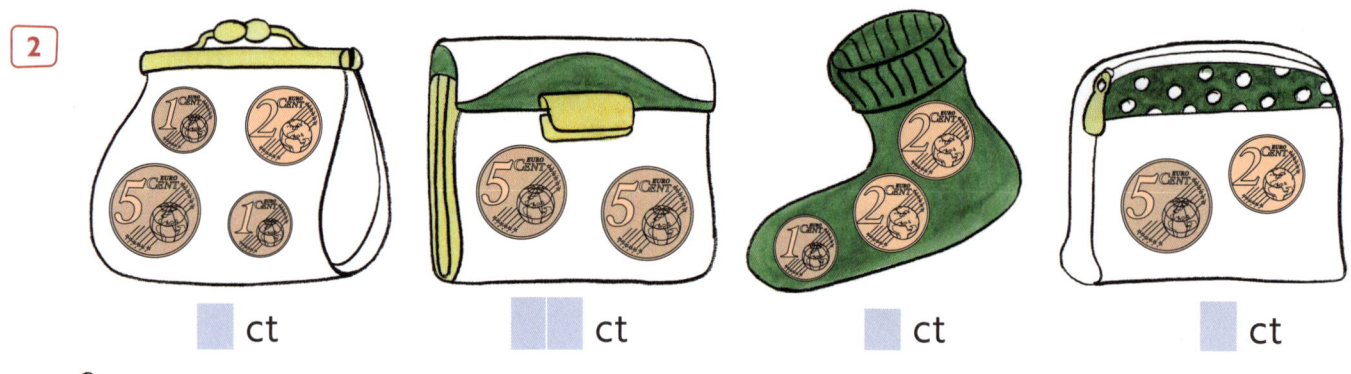

8 ct   5 ct   4 ct   7 ct   6 ct

4 Lege und rechne.

$5 \text{ ct} + 2 \text{ ct} = \square \text{ ct}$ $8 \text{ ct} - 7 \text{ ct} = \square \text{ ct}$ $6 \text{ ct} - \square \text{ ct} = 3 \text{ ct}$

$7 \text{ ct} + 3 \text{ ct} = \square\square \text{ ct}$ $9 \text{ ct} - 6 \text{ ct} = \square \text{ ct}$ $10 \text{ ct} - \square \text{ ct} = 5 \text{ ct}$

$1 \text{ ct} + 0 \text{ ct} = \square \text{ ct}$ $5 \text{ ct} - 2 \text{ ct} = \square \text{ ct}$ $7 \text{ ct} - \square \text{ ct} = 5 \text{ ct}$

5 $2 \text{ ct} + 3 \text{ ct} + 5 \text{ ct} + 2 \text{ ct} = \square\square \text{ ct}$

$3 \text{ ct} + 2 \text{ ct} + 5 \text{ ct} + 1 \text{ ct} = \square\square \text{ ct}$

$1 \text{ ct} + 6 \text{ ct} + 4 \text{ ct} + 3 \text{ ct} = \square\square \text{ ct}$

☐ 1 3 1 10
3 5 3 7 2
■ 14 11 12

30

1: Geldwert einkreisen   2: Geldwerte bestimmen   3: Geldwerte einzeichnen
4 und 5: Rechnen mit Geldbeträgen   **SB** 60–61   **TÜ** 29

BASAR KLASSE 1

🧸 1ct 🍬 2ct ╱ 3ct 🟢 4ct 🍭 5ct 🧁 6ct

1 	5 ct + 2 ct = ▢ ct	⑤ ◯ ◯
2 	5 ct + ▢ ct = ▢ ct	⑤ ◯ ◯
3 	▢ ct + ▢ ct = ▢ ct	◯ ◯ ◯
4 	▢ ct + ▢ ct = ▢ ct	◯ ◯
5	▢ ct + ▢ ct = ▢ ct	◯
6 	▢ ct + ▢ ct = ▢ ct	
7 	▢ ct + ▢ ct = ▢▢ ct	

1 bis 7: Additionsaufgaben finden und lösen; zum Preis die passenden Münzen zeichnen;
Aufgabe mit Rechengeld nachlegen

Geldwerte von 1 Euro bis 10 Euro

1

☐ €   ☐ €   ☐ €   ☐ €

2 Bezahle auf verschiedene Weise.

🪙1	🪙2	💶5
5	–	–

5 €

7 €

🪙1	🪙2	💶5

3

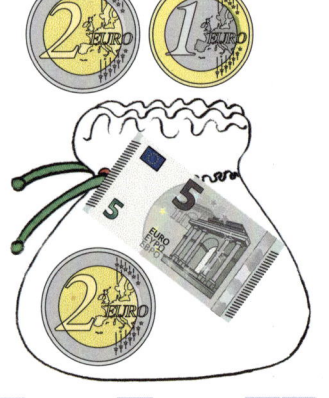  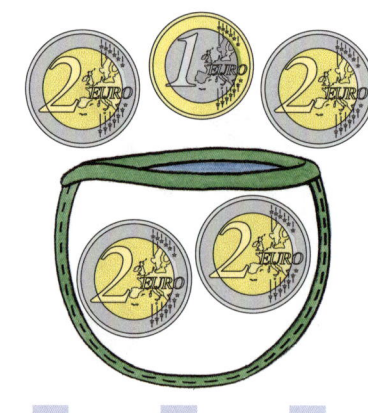

☐ € + ☐ € = ☐☐ €   ☐ € + ☐ € = ☐ €   ☐ € + ☐ € = ☐ €

4 Lege und rechne.

4 € + 4 € = ☐ €   10 € − 7 € = ☐ €   9 € − ☐ € = 5 €
6 € + 2 € = ☐ €   8 € − 5 € = ☐ €   8 € − ☐ € = 3 €
2 € + 4 € = ☐ €   6 € − 6 € = ☐ €   2 € − ☐ € = 2 €

5
☐ € + 3 € = 5 €
☐ € + 4 € = 8 €
☐ € − 6 € = 2 €
☐ € − 5 € = 3 €

☐ 8 5 3 3 6
　 8 0 0 4
☐ 2 8 8 4

SPORT-LAND

6€ 10€ 5€ 8€

3€ 7€ 6€

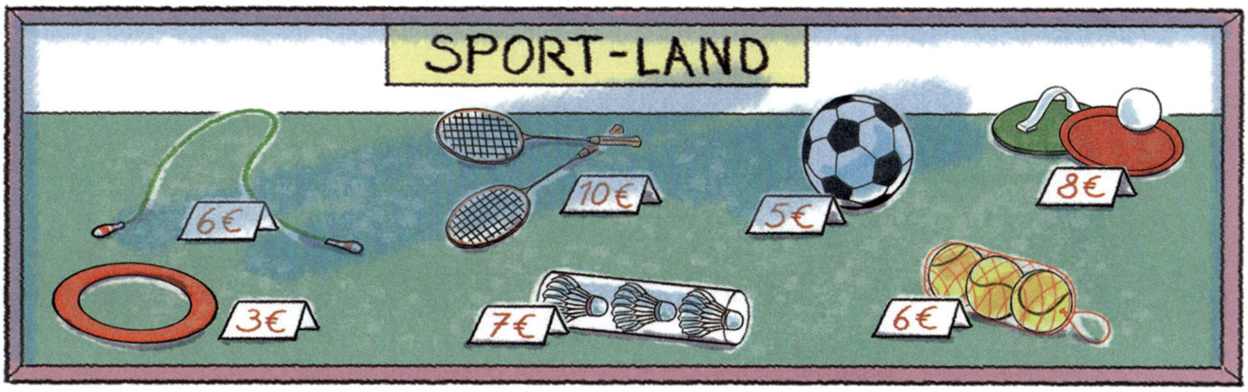

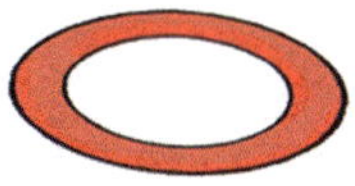

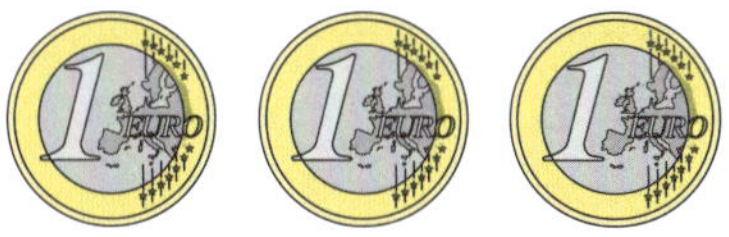

oder

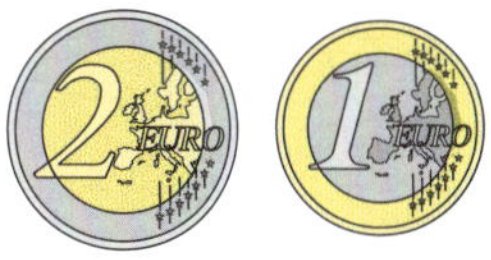

3 €

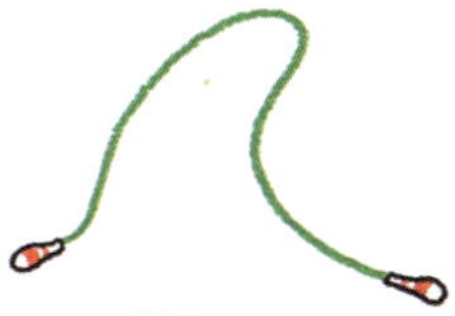

2 ◯ ◯   oder   5 ◯

☐ €

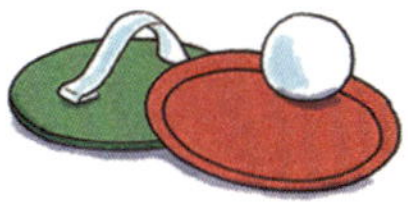

5 ◯ ◯   oder   ◯ ◯ ◯ ◯

☐ €

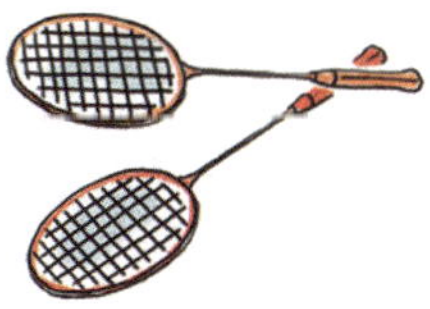

☐ ☐   oder   ☐

☐ ☐ €

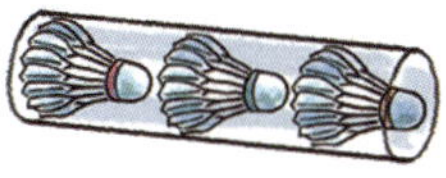

◯ ◯ ◯ ◯   oder   ☐ ◯ ◯

☐ €

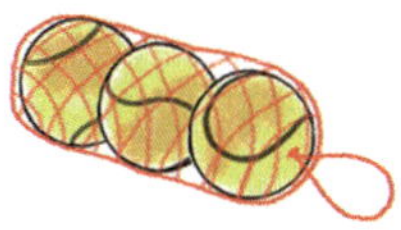

◯ ◯ ◯ ◯   oder

☐ €

Würfel, Quader, Kugel

1 Male aus und zähle.

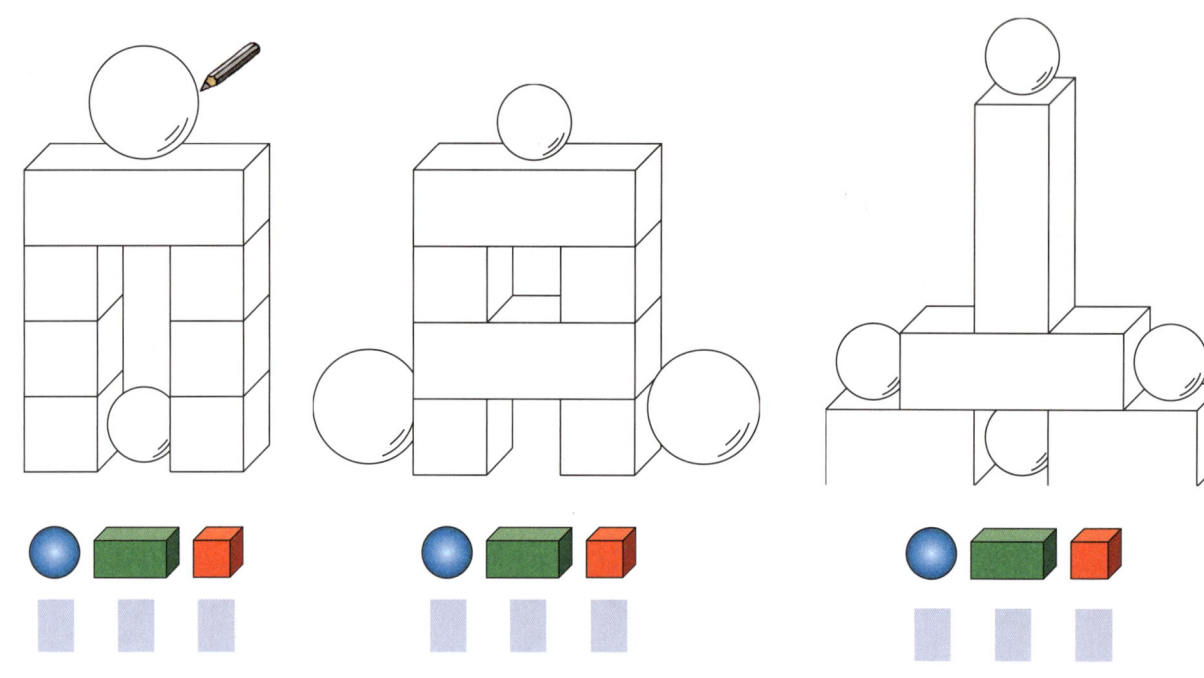

2

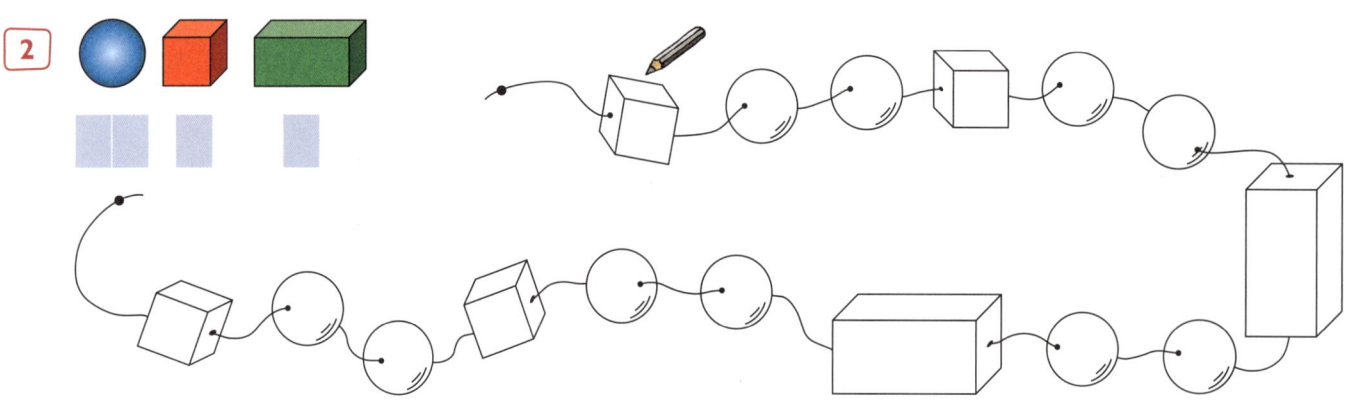

3 Zähle.

Bauen mit Würfeln

1 Baue und zähle.

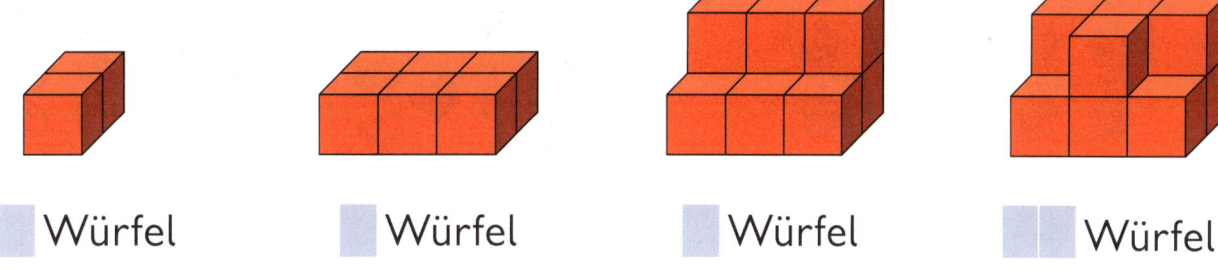

☐ Würfel ☐ Würfel ☐ Würfel ☐☐ Würfel

Schreibe den Bauplan.

2

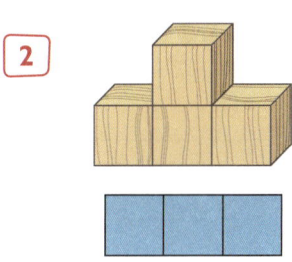 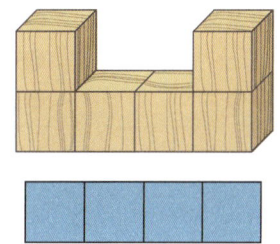 

3

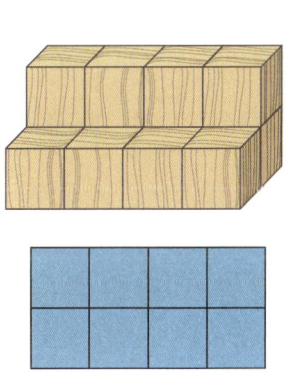 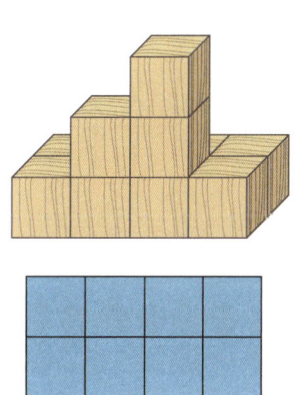 

4 Baue nach.
Wie viele Würfel fehlen noch zu einem Quader?

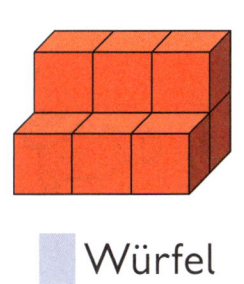 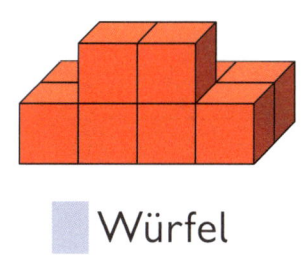 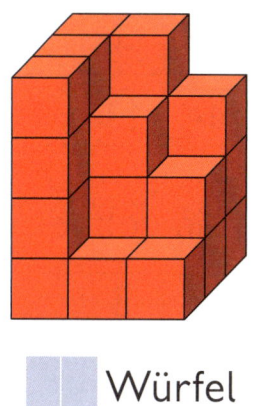

☐ Würfel ☐ Würfel ☐☐ Würfel

Die Zahlen von 11 bis 20

1

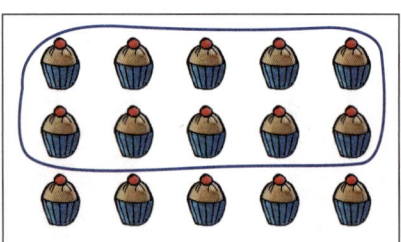

Z	E
1	

Z	E

Z	E

2

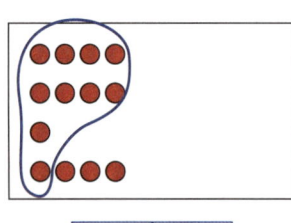

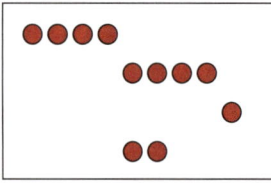

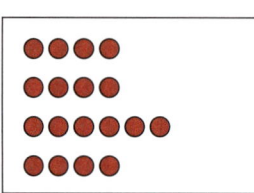

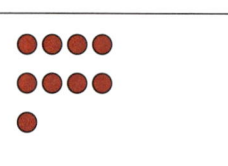

Z	E
1	

Z	E

Z	E

Z	E

3 Male aus.

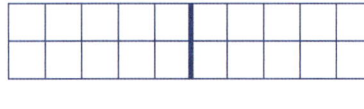

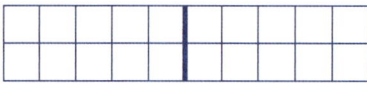

Z	E
1	1

Z	E
1	5

Z	E
1	9

4 Schreibe die Zahl dazu.

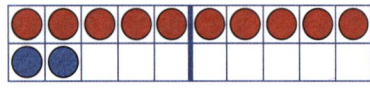

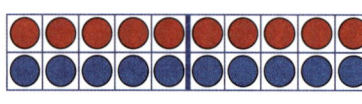

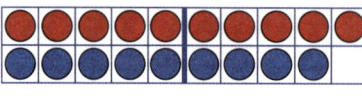

5 Zähle weiter.

3	4				10				15
14	13			7					

6 Wie geht es weiter?

6	8				20	
17	15				1	

1 bis 4: Zahlen den Mengen zuordnen; Mengen den Zahlen zuordnen
5 und 6: Zählen in angegebener Schrittfolge

Orientieren auf dem Zwanzigerfeld

1 Trage die fehlenden Zahlen ein.

	2	3			7			
11			14		16		18	20

2 Trage die fehlenden Zahlen ein.

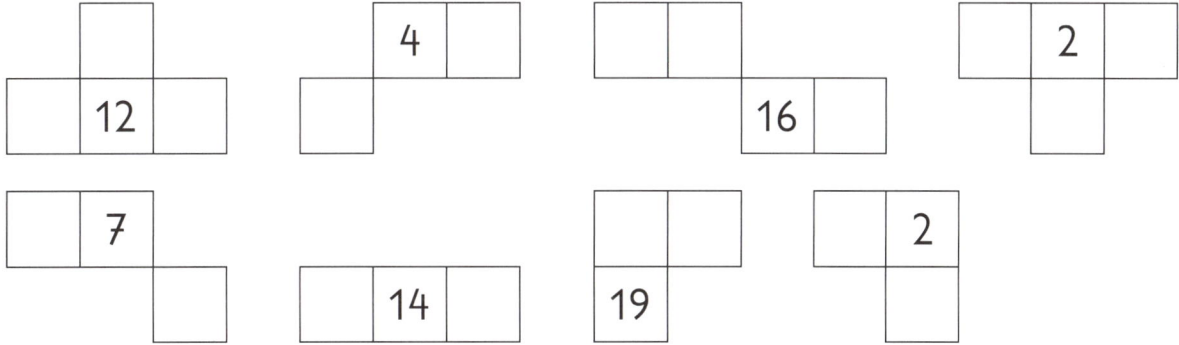

12   4   16   2

7   14   19   2

3 Finde passende Zahlen.

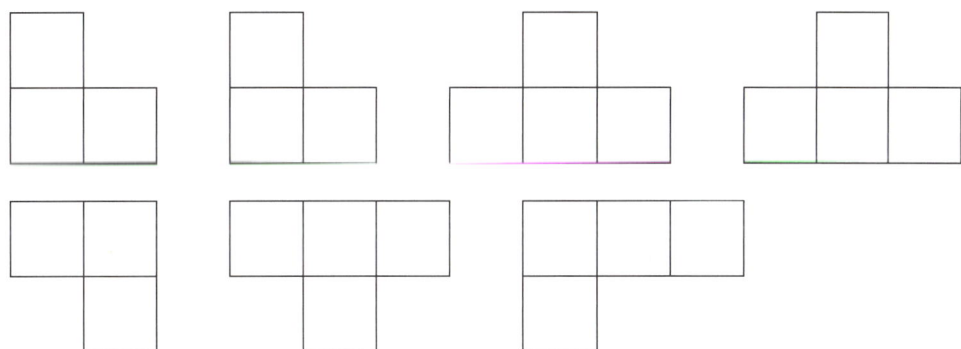

4 Zahlen gesucht

Meine Zahl steht rechts von der 14.

Meine Zahl steht zwischen 18 und 20.

Meine Zahl steht unter der 8.

Vergleichen und Ordnen der Zahlen bis 20

1 < = > ?

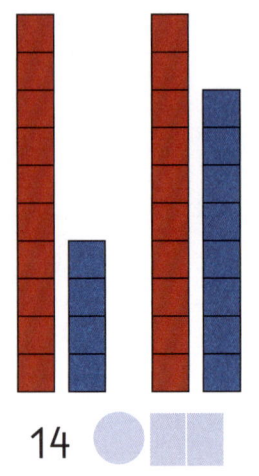

14 ⬤ 🟦🟦

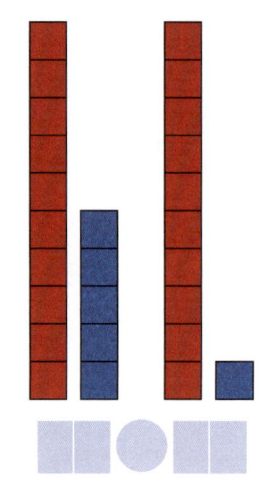

🟦🟦 ⬤ 🟦🟦

🟦🟦 > 16

2
18 > 15
18 > 🟦
18 > 🟦
18 > 🟦
18 > 🟦

3
🟦 < 12
🟦 < 12
🟦 < 12
🟦 < 12
🟦 = 12

4
17 > 🟦
17 > 🟦
17 < 🟦
17 = 🟦
17 < 🟦

5
20 ⬤ 15
16 ⬤ 20
13 ⬤ 14
14 ⬤ 12
10 ⬤ 6

6
5 ⬤ 15
11 ⬤ 20
13 ⬤ 0
12 ⬤ 10
16 ⬤ 8

7

V	Z	N
	12	
	8	
	18	
	6	
	10	
	15	

Ordne die Vorgänger.
Beginne mit dem kleinsten Vorgänger.

Ordne die Nachfolger.
Beginne mit dem größten Nachfolger.

Wie geht es weiter bis zur 20?

8 6 8 10 🟦🟦🟦🟦🟦

9 4 8 12 🟦🟦

Wie geht es weiter bis zur 0?

10 18 15 12 🟦🟦🟦

11 16 14 12 🟦🟦🟦🟦🟦🟦

Addieren ohne Zehnerübergang

1 Male und rechne. Löse zuerst die bekannte Aufgabe.

3 + 6 = ▢
13 + 6 = ▢▢

▢ + ▢ = ▢
15 + 3 = ▢▢

▢ + ▢ = ▢
12 + 4 = ▢▢

2
5 + 2 = ▢
15 + 2 = ▢▢

3 + 5 = ▢
13 + 5 = ▢▢

6 + 3 = ▢
16 + 3 = ▢▢

| 7 9 8 |
| 18 17 19 |

3 Welche Aufgaben gehören zusammen? Rechne und verbinde.

5 + 3 = ▢

17 + 1 = ▢▢

2 + 5 = ▢

11 + 8 = ▢▢

3 + 6 = ▢

15 + 3 = ▢▢

4 + 3 = ▢

12 + 5 = ▢▢

7 + 1 = ▢

13 + 6 = ▢▢

1 + 8 = ▢

14 + 3 = ▢▢

4
10 + 8 = ▢▢
10 + 3 = ▢▢

11 + 5 = ▢▢
14 + 3 = ▢▢

5
19 = 13 + ▢▢
14 = 10 + ▢▢

17 = ▢▢ + 7
15 = ▢▢ + 4

6

+	3	4	5	8
10				
11				

+	2	6		1
12				
11			18	

+	2	1	5	0
		15		
15				

7 Rechne und setze die Zeichen <, =, > ein.

4 + 3 ◯ 6
14 + 3 ◯ 16

2 + 6 ◯ 9
12 + 6 ◯ 19

15 + 4 ◯ 17
4 + 15 ◯ 17

18 ◯ 13 + 7
18 ◯ 5 + 13

8 Wer erhält die größere Zahl als Ergebnis?

 Ich berechne die Summe aus 13 und 5.

 Ich berechne die Summe aus 4 und 15.

Rechne so und vergleiche.

▢▢ ◯ ▢ = ▢▢   ▢▢ ◯ ▢▢ = ▢▢

1: Bekannte Aufgabe ermitteln und lösen; Ergebnis übertragen   3: Aufgaben lösen und zuordnen
2, 4 und 5: Summe berechnen; Platzhalter bestimmen   6: Tabelle ergänzen   7: Summe berechnen;
Relationszeichen setzen   8: Summen berechnen und vergleichen   **SB** 76–77 **TÜ** 37   39

Subtrahieren ohne Zehnerübergang

1 Male und rechne. Löse zuerst die bekannte Aufgabe. ✏

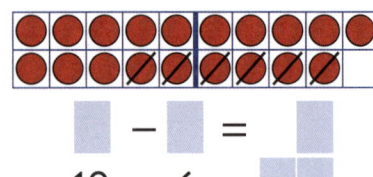 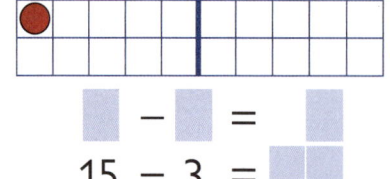 

☐ – ☐ = ☐	☐ – ☐ = ☐	☐ – ☐ = ☐
19 – 6 = ☐	15 – 3 = ☐	17 – 6 = ☐☐

2

5 – 2 = ☐   3 – 1 = ☐   7 – 3 = ☐

15 – 2 = ☐☐   13 – 1 = ☐☐   17 – 3 = ☐☐

| 2 3 4 |
| 14 13 12 |

3 Welche Aufgaben gehören zusammen? Rechne und verbinde.

5 – 4 = ☐   15 – 4 = ☐☐   9 – 7 = ☐   16 – 4 = ☐☐

7 – 5 = ☐   18 – 6 = ☐☐   6 – 4 = ☐   19 – 7 = ☐☐

8 – 6 = ☐   17 – 5 = ☐☐   9 – 5 = ☐   19 – 5 = ☐☐

4   10 – 8 = ☐   19 – 5 = ☐☐   **5**   18 = 20 – ☐   17 = ☐☐ – 2

10 – 5 = ☐☐   19 – 7 = ☐☐   14 = 18 – ☐   15 = ☐☐ – 4

6

–	3	4	5	8
18				
19				

–	2	7	1
17	11		
18			

–	2	1	5	0
16				
			10	

7 Rechne und setze die Zeichen <, =, > ein.

7 – 3 ⃝ 6   9 – 6 ⃝ 3   15 – 2 ⃝ 12   18 ⃝ 20 – 5

17 – 3 ⃝ 16   19 – 6 ⃝ 13   16 – 6 ⃝ 11   18 ⃝ 19 – 6

8 Wer erhält die größere Zahl als Ergebnis?

 Ich berechne die Differenz aus 17 und 5.   Ich berechne die Differenz aus 15 und 4.

Rechne so und vergleiche.

 = ☐☐       = ☐☐

40

1: Bekannte Aufgabe finden und lösen; Ergebnis übertragen   3: Aufgaben lösen und zuordnen
2, 4 und 5: Differenz berechnen; Platzhalter bestimmen   6: Tabelle ergänzen   7: Differenz berechnen;
Relationszeichen setzen   8: Differenzen berechnen und vergleichen

SB 78   **TÜ** 38

Addieren und Subtrahieren ohne Zehnerübergang

1

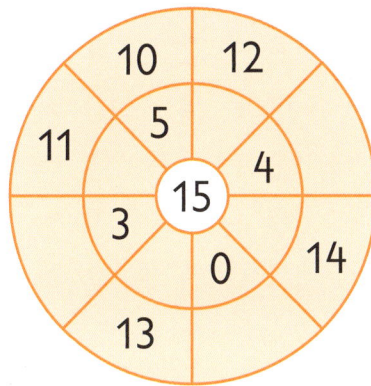
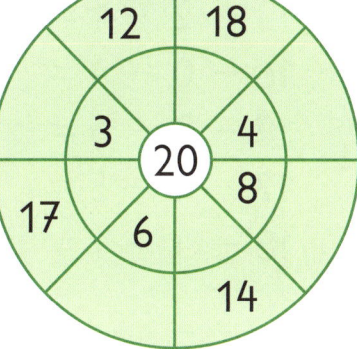

2 Finde die Fehler. Streiche durch und berichtige.

$12 + 3 = 15$ ▢▢ $19 + 0 = 10$ ▢▢ $10 - 10 = 0$ ▢▢
$14 - 3 = 17$ ▢▢ $11 - 11 = 10$ ▢▢ $7 + 0 = 17$ ▢▢
$1 + 11 = 12$ ▢▢ $18 + 2 = 20$ ▢▢ $14 - 2 = 12$ ▢▢
$18 - 3 = 16$ ▢▢ $3 + 16 = 13$ $11 + 7 = 19$ ▢▢

3

$15 - 3 =$ ▢▢

$16 - 5 =$ ▢▢
$20 - 9 =$ ▢▢
$16 - 2 =$ ▢▢
$13 + 1 =$ ▢▢

$20 - 1 =$ ▢▢
$10 + 9 =$ ▢▢

$19 - 7 =$ ▢▢

$17 - 7 =$ ▢▢
$15 + 4 =$ ▢▢
$10 + 6 =$ ▢▢
$13 - 3 =$ ▢▢

10 = gelb   11 = blau   12 = grün   14 = rot   16 = grau   19 = lila

4 Ordne den Lösungen die richtigen Buchstaben zu.

16	15	18	20	10	13	12	10	11	14	17	10

Rechnen mit drei Zahlen, Tauschaufgaben und Umkehraufgaben

1

10 + 5 + 3 =	13 − 2 − 1 =	16 − 2 − 4 =
12 + 2 + 5 =	16 − 0 − 4 =	2 + 7 + 10 =
1 + 10 + 4 =	18 − 3 − 5 =	3 + 13 − 3 =
4 + 11 + 2 =	17 − 1 − 5 =	19 + 1 − 5 =
6 + 13 + 1 =	18 − 4 − 1 =	17 − 5 + 2 =

☐ 20 18 19 17 15   13 10 10 11 12   10 13 14 19 15

+ oder − ?

2
14 ⬤ 3 = 17
15 ⬤ 4 = 19
17 ⬤ 5 = 12
13 ⬤ 2 = 11
18 ⬤ 5 = 13

3
11 + 6 ⬤ 2 = 15
14 − 3 ⬤ 7 = 18
16 − 4 ⬤ 3 = 15
17 − 5 ⬤ 4 = 16
12 − 2 ⬤ 7 = 17

4
17 − 6 ⬤ 2 ⬤ 5 = 18
10 + 3 ⬤ 5 ⬤ 6 = 12
15 − 2 ⬤ 1 ⬤ 3 = 15
11 + 4 ⬤ 3 ⬤ 2 = 16
18 − 2 ⬤ 4 ⬤ 0 = 12

5 Löse die Aufgaben. Färbe Aufgabe, Tausch- und Umkehraufgabe mit der gleichen Farbe.

12 + 5 =
6 + 13 =
15 + 4 =
1 + 17 =
13 + 5 =

13 + 6 =
17 + 1 =
5 + 12 =
5 + 13 =
4 + 15 =

19 − 4 =
17 − 5 =
18 − 5 =
19 − 6 =
18 − 1 =

6
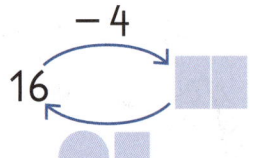

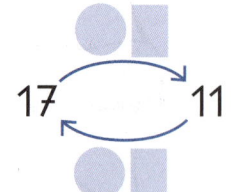

−3
15 → 12

−4
16 → ☐☐

18 → 12

17 → 11

7
7 →+3 ☐ →+8 ☐ →−6 ☐ →+4 ☐ →−6 ☐

Nachbaraufgaben, Aufgabenfamilien, Rund um die 10

1 Eine Aufgabe – vier Nachbarn

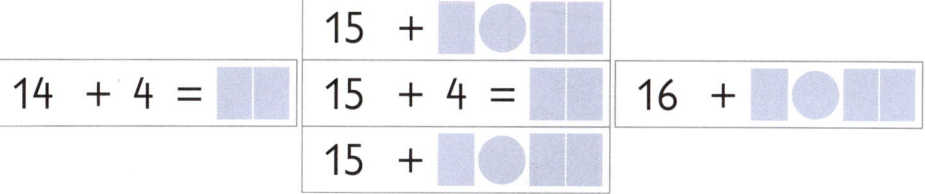

$14 + 4 = \square\square$

$15 + \square\bullet\square$
$15 + 4 = \square$
$15 + \square\bullet\square$

$16 + \square\bullet\square$

Immer 4 Aufgaben sind eine Familie.

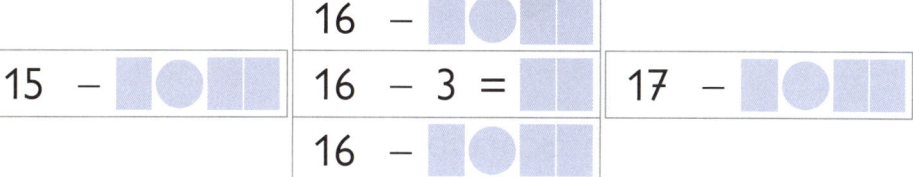

$15 - \square\bullet\square$

$16 - \square\bullet\square$
$16 - 3 = \square$
$16 - \square\bullet\square$

$17 - \square\bullet\square$

2
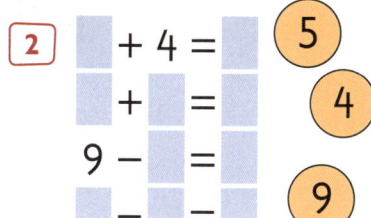
$\square + 4 = \square$ (5)
$\square + \square = \square$ (4)
$9 - \square = \square$
$\square - \square = \square$ (9)

$16 + 3 = \square\square$

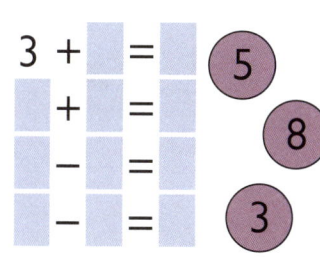
$3 + \square = \square$ (5)
$\square + \square = \square$ (8)
$\square - \square = \square$
$\square - \square = \square$ (3)

$18 - 6 = \square\square$

3
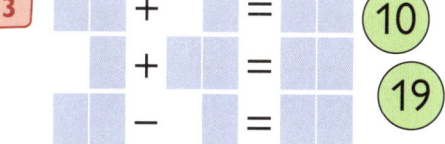
$\square + \square = \square$ (10)
$\square + \square = \square$ (19)
$\square - \square = \square$
$\square - \square = \square$ (9)

4 Immer 10. Kreise die Partner ein.

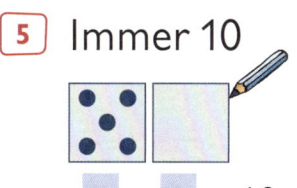

5   4   5   3   7
  6
9   5   2   8   6   4   5
1
2   6   4   5   1
8   7   3   9   1   3   7   9   5

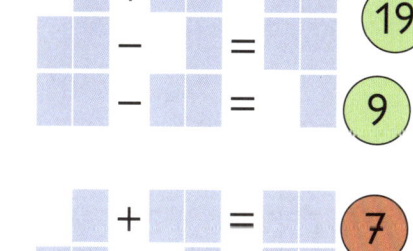
$\square + \square = \square$ (7)
$\square + \square = \square$ (10)
$\square - \square = \square$
$\square - \square = \square$ (17)

5 Immer 10

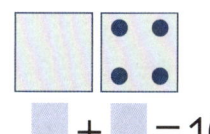 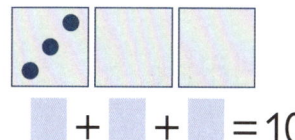 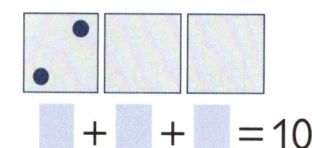

$\square + \square = 10$ $\square + \square = 10$ $\square + \square + \square = 10$ $\square + \square + \square = 10$

6 $8 + 2 + 1 = \square\square$
$5 + 3 + 5 = \square\square$
$6 + 6 + 4 = \square\square$
$7 + 9 + 3 = \square\square$

7 $12 - 2 - 1 = \square$
$13 - 5 - 3 = \square$
$15 - 7 - 5 = \square$
$18 - 6 - 8 = \square$

8 $5 + \square + 2 = 10$
$\square + 4 + 1 = 10$
$15 - \square - 5 = 10$
$\square\square - 6 - 4 = 10$

1: Nachbaraufgaben finden und lösen   2 und 3: Aufgabenfamilien bilden   4: Zahlen, die sich zu 10 ergänzen, finden   5: Additionsaufgaben mit der Summe 10 finden; Würfelbilder dazu malen
6 bis 8: Rechnen mit drei Zahlen

SB 83   **TÜ** 43   43

Verdoppeln und Halbieren

1 Verdopple am Spiegel. Schreibe die Aufgaben dazu.

5 + 5 = ☐☐   ☐ + ☐ = ☐   ☐ + ☐ = ☐

2 Verdopple die Anzahl der Kästchen. Schreibe die Aufgaben dazu.

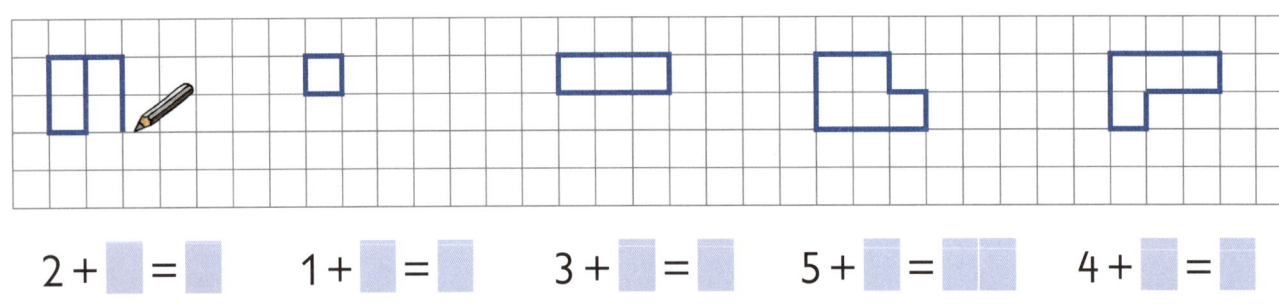

2 + ☐ = ☐   1 + ☐ = ☐   3 + ☐ = ☐   5 + ☐ = ☐☐   4 + ☐ = ☐

3 Lege das Doppelte der Geldbeträge. Trage den doppelten Betrag ein

Betrag	1 ct	2 ct	3 ct	4 ct	3 €	5 €
Das Doppelte						

4 Halbiere.

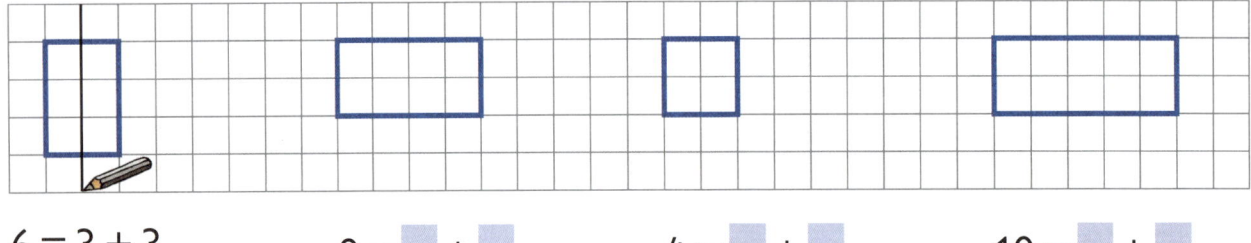

6 = 3 + 3   8 = ☐ + ☐   4 = ☐ + ☐   10 = ☐ + ☐

5 Das Doppelte, die Hälfte

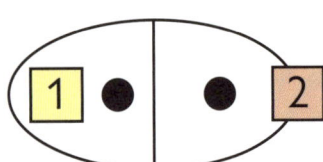

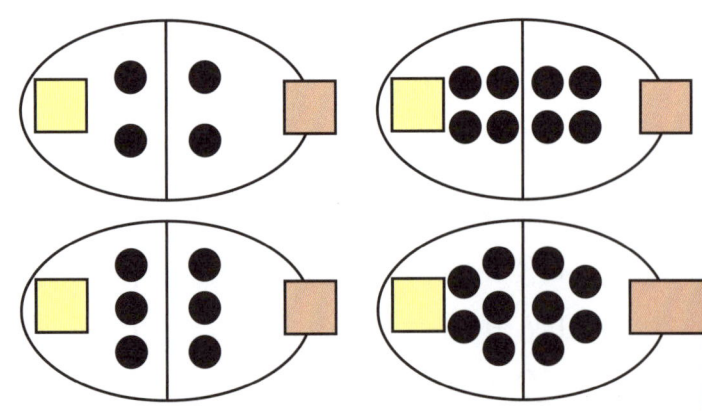

Sprich so:

2 ist das Doppelte von 1 .

1 ist die Hälfte von 2 .

1: Verdoppeln erfassen; Aufgaben finden   2: Anzahl verdoppeln; Aufgabe zuordnen   3: Doppelten
Betrag legen; Tabelle vervollständigen   4: Anzahl der Kästchen halbieren; Aufgabe zuordnen
5: Zahlen zuordnen

Gerade und ungerade Zahlen

1 Gerade oder ungerade Zahl? Kreuze an.

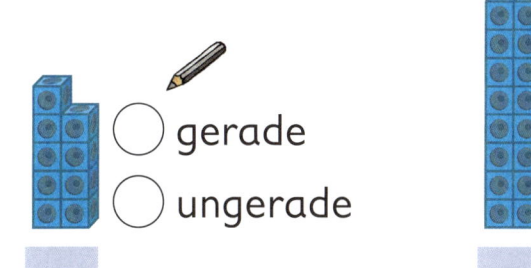
○ gerade
○ ungerade

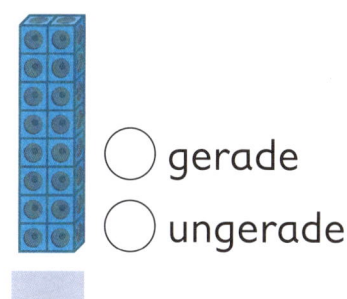
○ gerade
○ ungerade

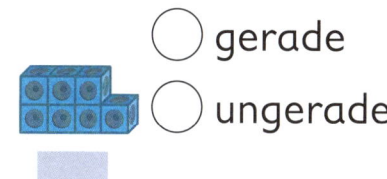
○ gerade
○ ungerade

2 Vervollständige bis 20.

1	3	5															

Das sind _____ Zahlen.

2	4																

Das sind _____ Zahlen.

3 Addiere zwei gerade Zahlen.

Addiere zwei ungerade Zahlen.

Was für eine Zahl ist das Ergebnis immer?

$6 + 8 = 14$
$12 + \square = \square$
$\square + \square = \square$
$\square + \square = \square$

$5 + 7 = 12$
$9 + \square = \square$
$\square + \square = \square$
$\square + \square = \square$

eine   Zahl

4 Trage auf der Zahlenkette alle Zahlen von 1 bis 20 ein.
Färbe die geraden Zahlen **orange** und die ungeraden Zahlen **blau**.

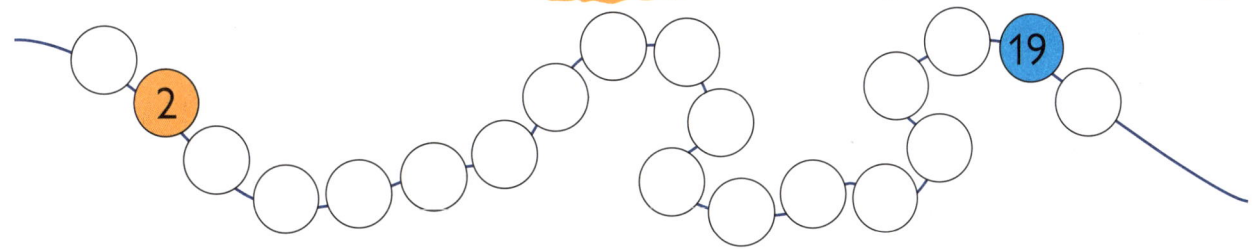

Wie viele gerade und ungerade Zahlen gibt es auf der Zahlenkette?

 gerade Zahlen    ungerade Zahlen

1: Anzahl bestimmen; Zahl zuordnen; gerade und ungerade Zahlen bestimmen   2: Reihen vervollständigen; Satz vervollständigen   3: Aufgaben finden; erkennen, dass das Ergebnis immer eine gerade Zahl
ist   4: Zahlen eintragen und nach Vorgabe färben; Anzahl bestimmen   **SB** 86–87 **TÜ** 46   45

Sachaufgaben

Hier fehlen die Fragen.

1 ○ Lisa hat 16 Glaskugeln.
   Sie verschenkt 5 Kugeln.

○ In der Klasse 2 sind
   12 Mädchen und 7 Jungen.

○ Ben hat 12 Seiten und
   später noch 8 Seiten gelesen.

○ Von 20 Kindern der
   1. Klasse gehen 6 Kinder
   in keine Arbeitsgemeinschaft.

Wähle immer eine passende Frage aus.

Ⓐ Wie viele Kinder sind in der Klasse?
Ⓑ Wie viele Glaskugeln hat sie noch?
Ⓒ Wie viele Seiten hat er insgesamt gelesen?
Ⓓ Wie viele Kinder gehen in eine Arbeitsgemeinschaft?

2 Tom und Anna haben Pfeile geworfen. Wonach kannst du fragen?
Finde eine Aufgabe und löse sie.

Tom:

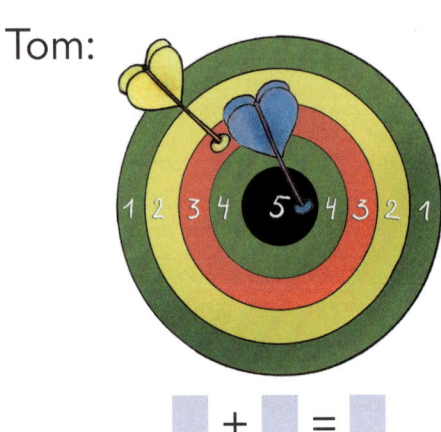

Anna:

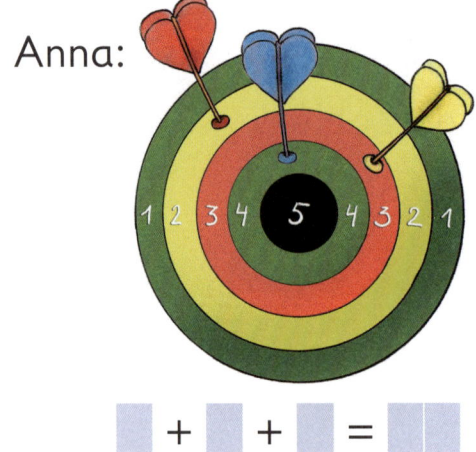

⬜ + ⬜ = ⬜   ⬜ + ⬜ + ⬜ = ⬜⬜

3 Ben hat 20 Farbstifte in seiner
Mappe. 7 Stifte hat er zum
Zeichnen herausgenommen.
Wonach kannst du fragen?
Finde die passende Aufgabe
und löse sie.

⬜⬜ − ⬜ = ⬜⬜

Dreieck, Viereck, Kreis

1 Anna hat gestempelt.   Wie viele?

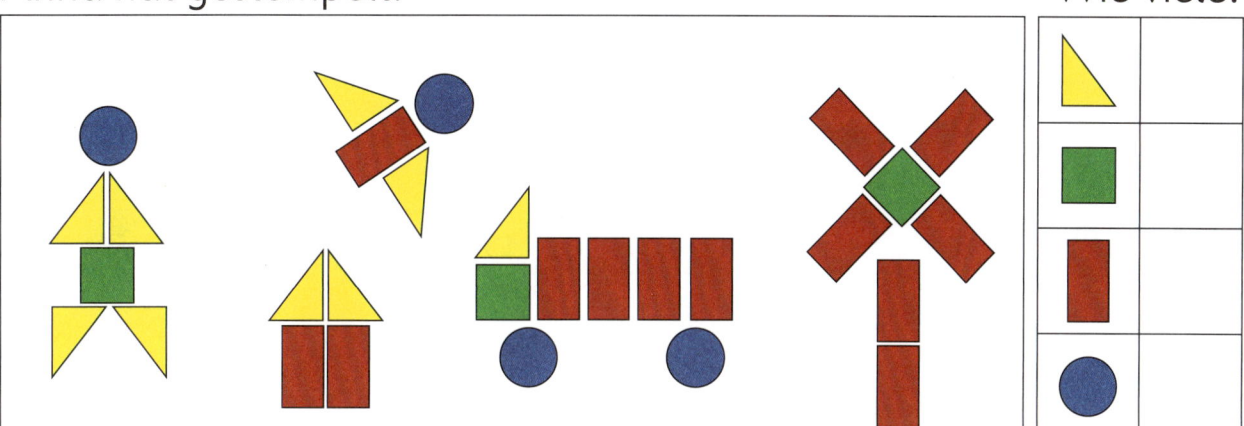

2 Zeichne ein Bild mit den angegebenen Figuren.   So viele hast du:

3 Färbe.

Vierecke `gelb`

Kreise `rot`

Dreiecke `blau`

Wie viele
sind es?

Kreise

Dreiecke

Vierecke

1

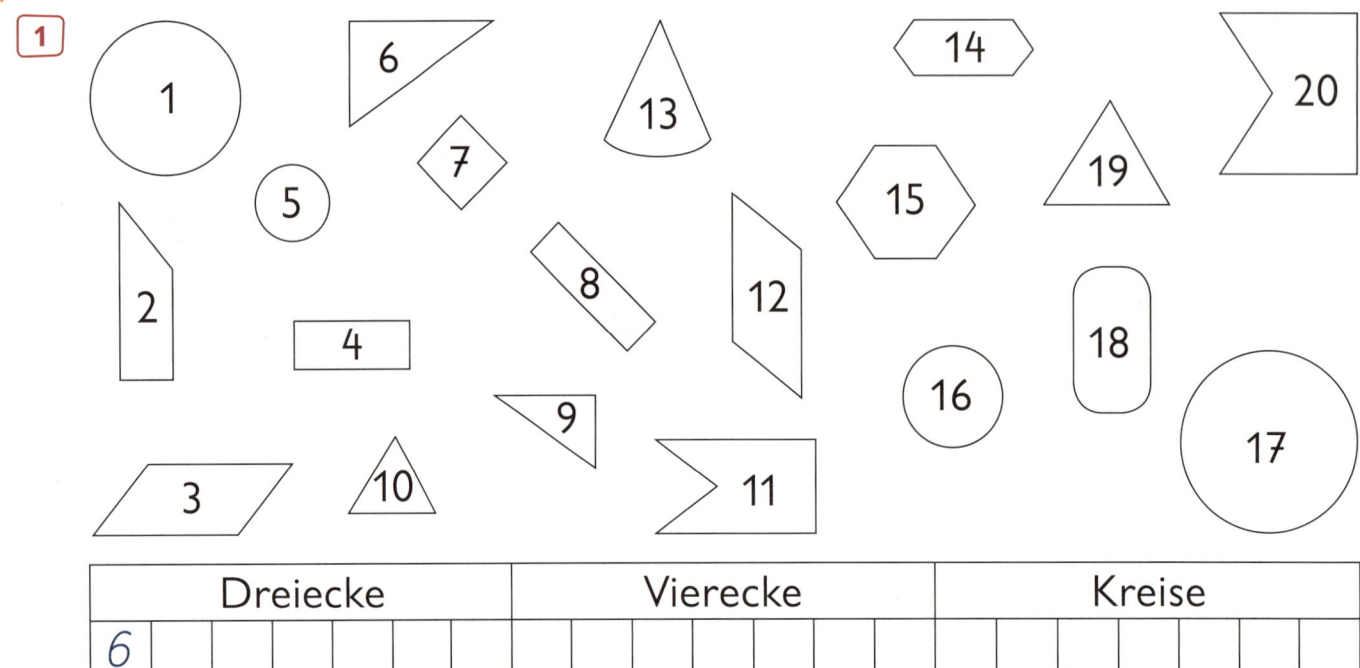

Dreiecke							Vierecke							Kreise						
6																				

2 Zeichne verschiedene Dreiecke und Vierecke.

Muster

1 Male die Muster weiter aus. Zähle die Dreiecke und Vierecke.

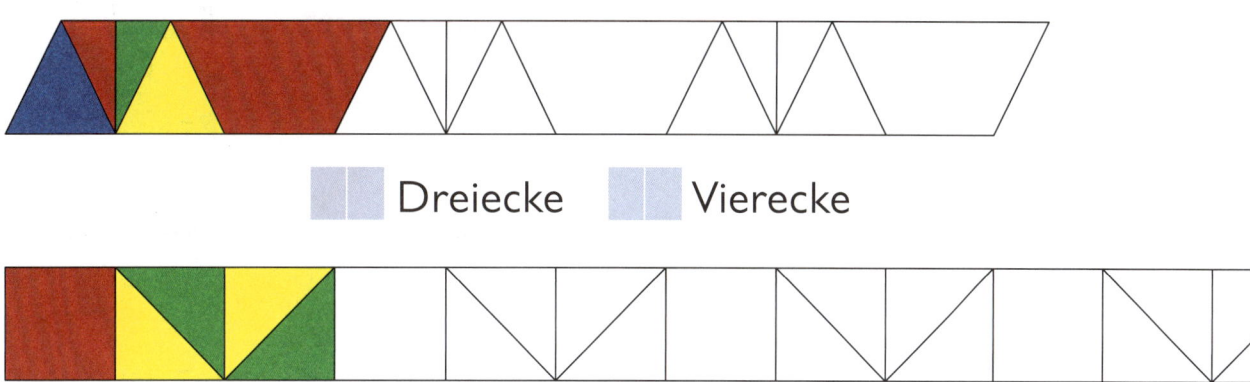

▢▢ Dreiecke   ▢▢ Vierecke

▢▢ Dreiecke   ▢▢ Vierecke

2 Male die Muster weiter. Zähle die Quadrate.

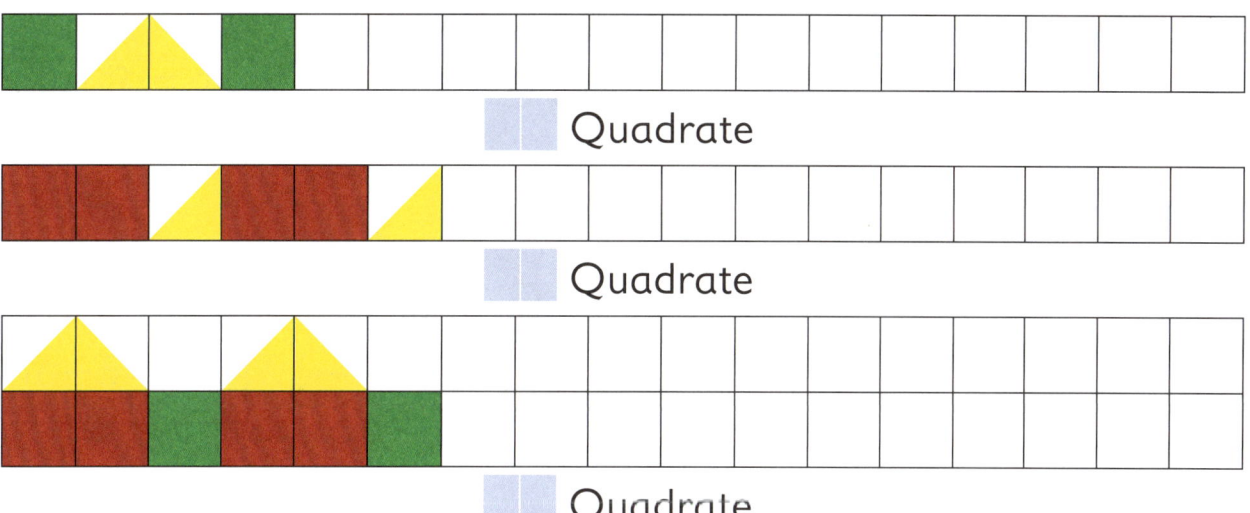

▢▢ Quadrate

▢▢ Quadrate

▢▢ Quadrate

3 Male die Muster weiter.

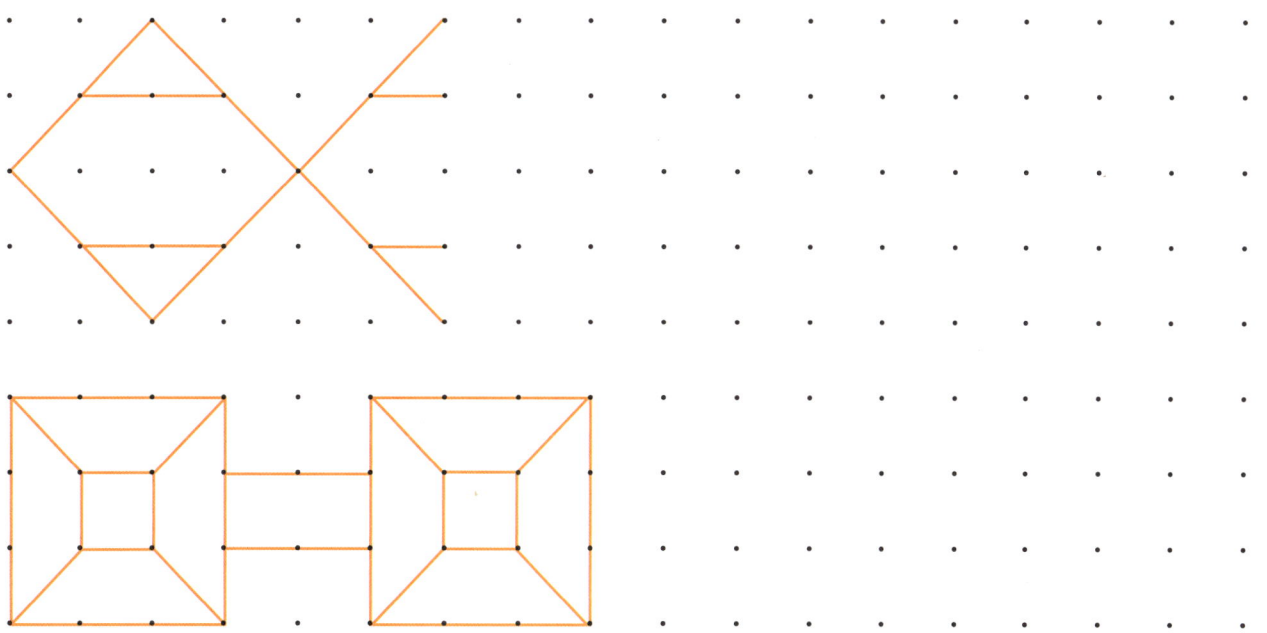

Geldwerte bis 20 Euro

1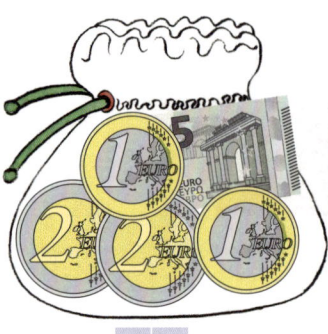

☐☐ €   ☐☐ €   ☐☐ €   ☐☐ €

2 Lege und male.

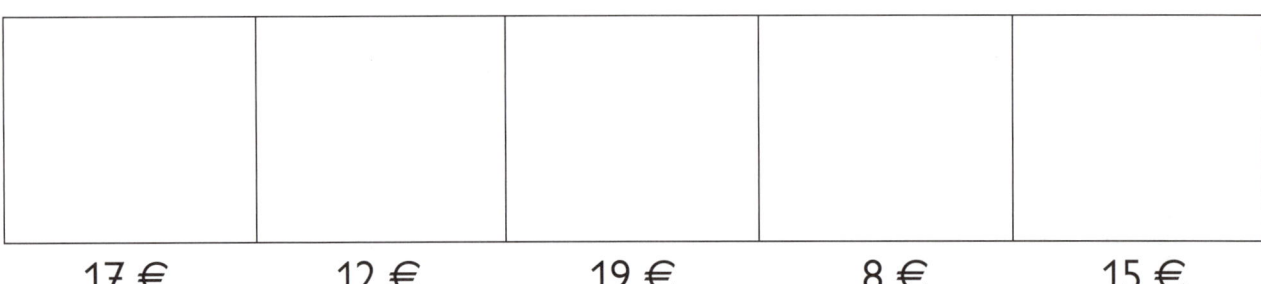

17 €   12 €   19 €   8 €   15 €

3 Wechsle.

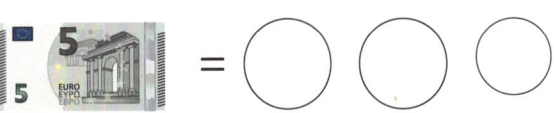

= ◯ ◯ ◯

= ☐ ☐

= ☐

= ☐

4 Lege und rechne.

6 € + 4 € = ☐☐ €
17 € + 3 € = ☐☐ €
5 € + 5 € = ☐☐ €
10 € + 7 € = ☐☐ €

8 € − 6 € = ☐ €
12 € − 1 € = ☐☐ €
18 € − 8 € = ☐☐ €
20 € − 10 € = ☐☐ €
19 € − 6 € = ☐☐ €

5
14 € + ☐ € = 16 €   18 € − ☐ € = 12 €
8 € + ☐ € = 10 €   20 € − ☐☐ € = 10 €
☐☐ € + 3 € = 15 €   ☐☐ € − 2 € = 14 €
☐☐ € + 5 € = 20 €   ☐☐ € − 1 € = 19 €
☐☐ € + 0 € = 11 €   ☐☐ € − 6 € = 11 €

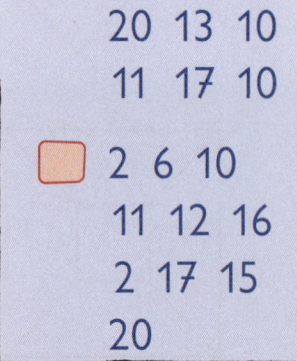

☐ 10 10 2
   20 13 10
   11 17 10

☐ 2   6 10
   11 12 16
   2 17 15
   20

1

 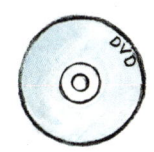      

| 15 € | 13 € | 11 € | 7 € | 6 € | 5 € | 3 € | 2 € |

15 € + 2 € = ☐☐ €

☐☐ € + ☐ € = ☐☐ €

☐☐ € + ☐ € = ☐☐ €

☐☐ € + ☐ € + ☐ € = ☐☐ €

☐ € + ☐ € + ☐ € = ☐☐ €

2

☐☐ € + ☐ € + ☐ € + ☐ € = ☐☐ €

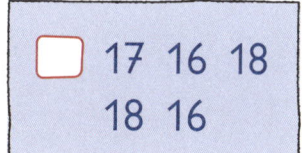
☐ 17 16 18
18 16

3 Berechne die Summe aus 15 € und 4 €. ☐☐ € ◯ ☐ € = ☐☐ €

Berechne die Differenz aus 15 € und 4 €. ☐☐ € ◯ ☐ € = ☐☐ €

Vergleiche die Ergebnisse mit <, =, >. ☐☐ € ◯ ☐☐ €

4

Max kauft:	2 € 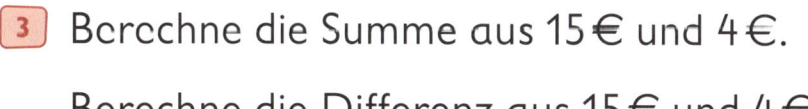	11 €	15 €
Max gibt:			
Max bekommt zurück:	☐ €	☐ €	☐ €

Addieren mit Zehnerübergang

1 Male in die Kästchen und rechne.

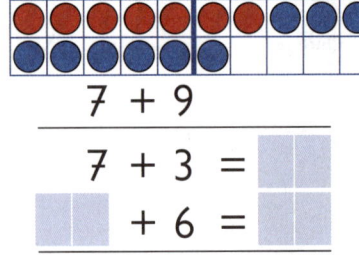

$7 + 9$

$7 + 3 =$ ☐☐
☐☐ $+ 6 =$ ☐☐
$7 +$ ☐ $=$ ☐☐

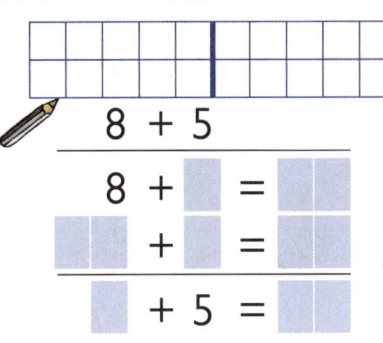

$8 + 5$

$8 +$ ☐ $=$ ☐☐
☐☐ $+$ ☐ $=$ ☐☐
☐ $+ 5 =$ ☐☐

Zerlege die zweite Zahl. Ergänze zum Zehner. Addiere den Rest.

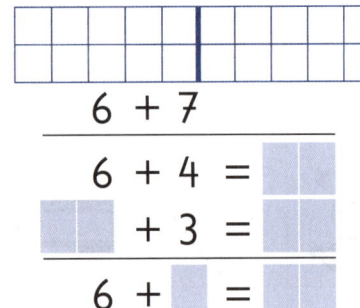

$6 + 7$

$6 + 4 =$ ☐☐
☐☐ $+ 3 =$ ☐☐
$6 +$ ☐ $=$ ☐☐

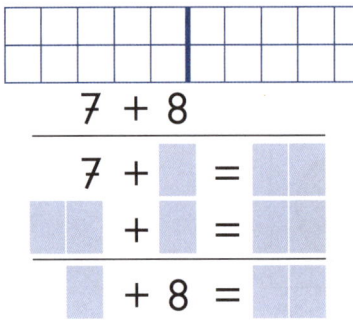

$7 + 8$

$7 +$ ☐ $=$ ☐☐
☐☐ $+$ ☐ $=$ ☐☐
☐ $+ 8 =$ ☐☐

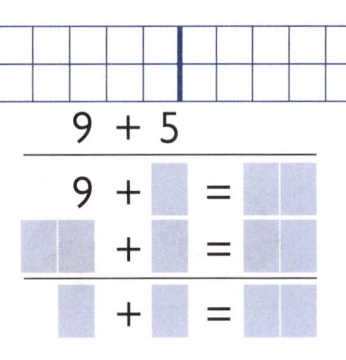

$9 + 5$

$9 +$ ☐ $=$ ☐☐
☐☐ $+$ ☐ $=$ ☐☐
☐ $+$ ☐ $=$ ☐☐

2 Immer erst bis 10

$8 + 5 =$ ☐☐
$8 +$ ☐ $+$ ☐ $=$ ☐☐

$7 + 9 =$ ☐☐
$7 +$ ☐ $+$ ☐ $=$ ☐☐

$8 + 6 =$ ☐☐
$8 +$ ☐ $+$ ☐ $=$ ☐☐

3 Rechne.

$6 + 5 = 6 + 4 +$ ☐
$6 + 5 =$ ☐☐ $+$ ☐
$6 + 5 =$ ☐☐

$7 + 8 =$ ☐ $+$ ☐ $+$ ☐
$7 + 8 =$ ☐☐ $+$ ☐
$7 + 8 =$ ☐☐

$5 + 9 =$ ☐ $+$ ☐ $+$ ☐
$5 + 9 =$ ☐☐ $+$ ☐
$5 + 9 =$ ☐☐

4

+	7	5	6
8			
7			
6			

5

+		6	8
7	11		
		14	
			17

6 Finde die Fehler und streiche sie durch.

+	8	4	7	5
6	13	10	15	11
8	16	11	15	13
9	17	13	17	14

7
$9 + 4 =$ ☐☐
$9 + 6 =$ ☐☐
$9 + 8 =$ ☐☐
$9 + 10 =$ ☐☐

8
$5 + 6 =$ ☐☐
$5 + 8 =$ ☐☐
$5 + 7 =$ ☐☐
$5 + 9 =$ ☐☐

9
☐ $+ 8 = 11$
☐ $+ 8 = 14$

Subtrahieren mit Zehnerübergang

1 Male in die Kästchen und rechne.

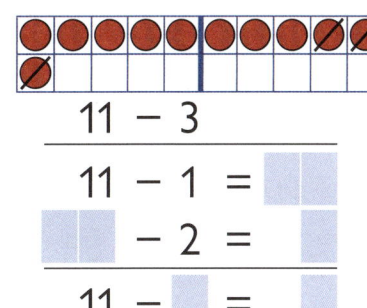

$$11 - 3$$

$$11 - 1 = \boxed{}\boxed{}$$
$$\boxed{}\boxed{} - 2 = \boxed{}$$
$$11 - \boxed{} = \boxed{}$$

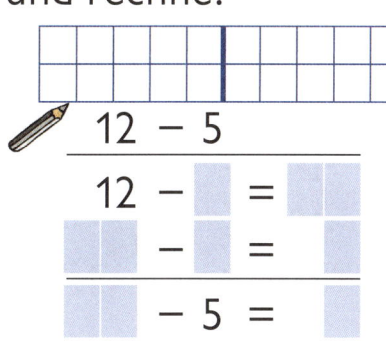

$$12 - 5$$

$$12 - \boxed{} = \boxed{}\boxed{}$$
$$\boxed{}\boxed{} - \boxed{} = \boxed{}$$
$$\boxed{} - 5 = \boxed{}$$

> Zerlege die zweite Zahl. Subtrahiere zum Zehner. Subtrahiere den Rest.

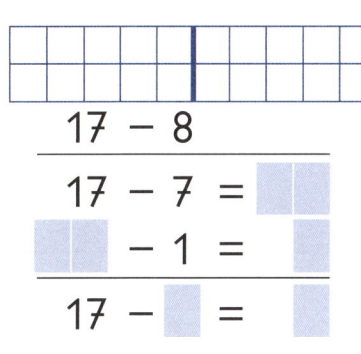

$$17 - 8$$

$$17 - 7 = \boxed{}\boxed{}$$
$$\boxed{}\boxed{} - 1 = \boxed{}$$
$$17 - \boxed{} = \boxed{}$$

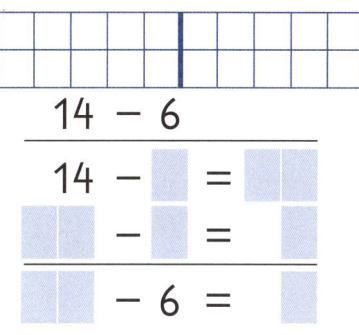

$$14 - 6$$

$$14 - \boxed{} = \boxed{}\boxed{}$$
$$\boxed{}\boxed{} - \boxed{} = \boxed{}$$
$$\boxed{} - 6 = \boxed{}$$

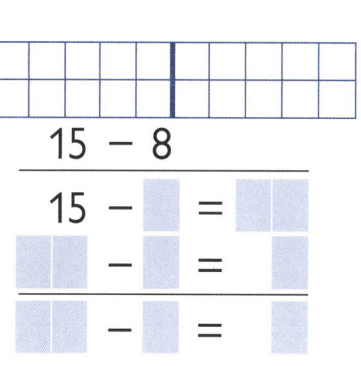

$$15 - 8$$

$$15 - \boxed{} = \boxed{}$$
$$\boxed{}\boxed{} - \boxed{} = \boxed{}$$
$$\boxed{} - \boxed{} = \boxed{}$$

2 Immer erst bis 10

$$13 - 6 \quad = \boxed{}$$
$$13 - \boxed{} - \boxed{} = \boxed{}$$

$$11 - 8 \quad = \boxed{}$$
$$11 - \boxed{} - \boxed{} = \boxed{}$$

$$17 - 9 \quad = \boxed{}$$
$$17 - \boxed{} - \boxed{} = \boxed{}$$

3 Rechne.

$$16 - 8 = 16 - 6 - \boxed{}$$
$$16 - 8 = \boxed{}\boxed{} - \boxed{}$$
$$16 - 8 = \boxed{}$$

$$15 - 7 = \boxed{}\boxed{} - \boxed{} - \boxed{}$$
$$15 - 7 = \boxed{}\boxed{} - \boxed{}$$
$$15 - 7 = \boxed{}$$

$$14 - 9 = \boxed{}\boxed{} - \boxed{} - \boxed{}$$
$$14 - 9 = \boxed{}\boxed{} - \boxed{}$$
$$14 - 9 = \boxed{}$$

4

−	7	8	9
15			
14			
13			

5

−		5	9
16	8		
		9	
12			

6 Finde die Fehler und streiche sie durch.

−	6	7	5	8
11	6	4	6	2
13	7	8	8	5
15	10	8	6	5

7
$$15 - 8 = \boxed{}$$
$$14 - 7 = \boxed{}$$
$$13 - 6 = \boxed{}$$

8
$$15 - 9 = \boxed{}$$
$$15 - 7 = \boxed{}$$
$$15 - 8 = \boxed{}$$

9
$$\boxed{}\boxed{} - 8 = 2$$
$$\boxed{}\boxed{} - 8 = 5$$

Addieren und Subtrahieren mit Zehnerübergang

1 Rechne. Finde die Lösungsworte.

$16 - 9 =$

$11 - 9 =$

$7 + 9 =$

$6 + 8 =$

$7 + 5 =$

$13 - 7 =$

$9 + 5 =$

$18 - 6 =$

$10 + 4 =$

$5 + 6 =$

$12 - 8 =$

$17 - 9 =$

$17 - 3 =$

$5 + 8 =$

T	H	N	R	G	S	P	R	E	U	C
13	4	8	12	6	7	16	12	14	2	11

2

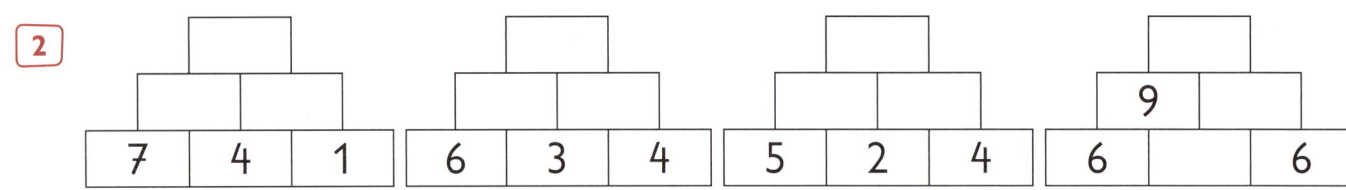

| 7 | 4 | 1 | | 6 | 3 | 4 | | 5 | 2 | 4 | | 6 | | 6 |

3

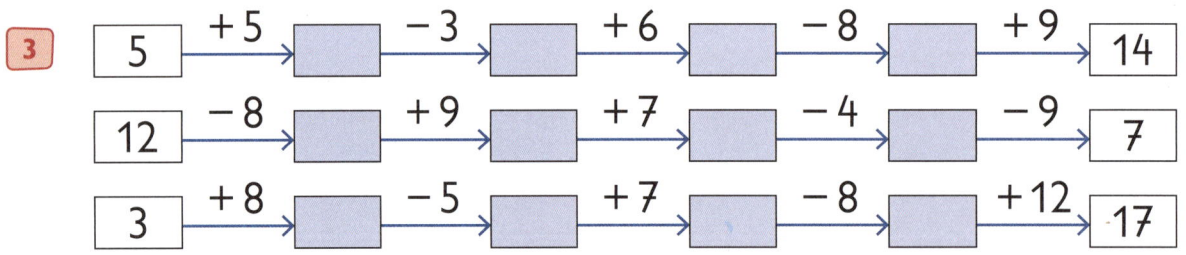

4

16 = blau   8 = grau   7 = gelb   13 = rot   15 = grün

Gleichungen und Ungleichungen

1

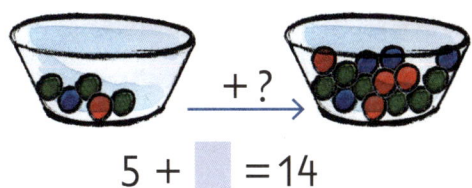

$$5 + \boxed{} = 14$$

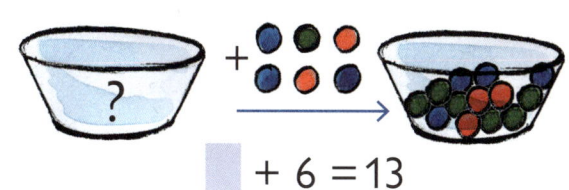

$$\boxed{} + 6 = 13$$

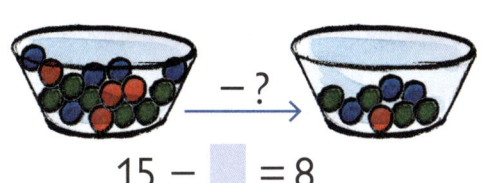

$$15 - \boxed{} = 8$$

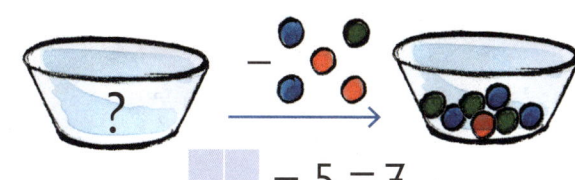

$$\boxed{} - 5 = 7$$

2
$$7 + 9 =$$
$$5 + 6 =$$
$$6 + 7 =$$
$$12 + 5 =$$
$$15 + 5 =$$

3
$$8 + \boxed{} = 16$$
$$4 + \boxed{} = 13$$
$$9 + \boxed{} = 17$$
$$7 + \boxed{} = 20$$
$$3 + \boxed{} = 14$$

4
$$\boxed{} + 13 = 20$$
$$\boxed{} + 7 = 14$$
$$\boxed{} + 6 = 19$$
$$\boxed{} + 4 = 16$$
$$\boxed{} + 9 = 18$$

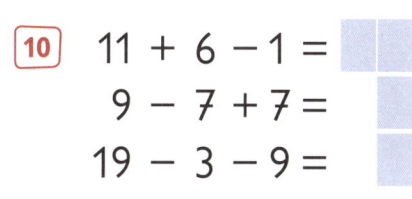

☐ 11 11 17
  16 11 13 7
  8 9 8 5 3
  13 9 13 6
  5 9 6 16
  15 20 20
  6 7 7 16

☐ 11 12 18
  7 17 14
  13 7 9

5
$$19 - 6 =$$
$$20 - 9 =$$
$$13 - 7 =$$
$$11 - 6 =$$

6
$$15 - \boxed{} = 10$$
$$14 - \boxed{} = 8$$
$$18 - \boxed{} = 9$$
$$17 - \boxed{} = 10$$

7
$$\boxed{} - 5 = 6$$
$$\boxed{} - 8 = 9$$
$$\boxed{} - 9 = 5$$
$$\boxed{} - 3 = 15$$

8
$$7 + 5 + 3 =$$
$$9 + 6 + 1 =$$
$$10 + 7 + 3 =$$

9
$$20 - 10 - 3 =$$
$$16 - 7 - 6 =$$
$$17 - 4 - 7 =$$

10
$$11 + 6 - 1 =$$
$$9 - 7 + 7 =$$
$$19 - 3 - 9 =$$

11 Trage die richtigen Zeichen ein: **<** , **=** , **>** .

$$13 + 5 \; \bigcirc \; 17 \qquad 19 - 10 \; \bigcirc \; 9 \qquad 11 - 7 \; \bigcirc \; 5 \qquad 6 \; \bigcirc \; 12 - 7$$

12 Wahr **w** oder falsch **f** ?

$$9 + 6 > 17 \; \bigcirc$$

$$4 + 14 = 18 \; \bigcirc$$

$$8 + 9 < 16 \; \bigcirc$$

$$12 - 5 > 8 \; \bigcirc$$

$$16 - 8 < 10 \; \bigcirc$$

$$17 - 9 = 8 \; \bigcirc$$

Sachaufgaben

1 Lisa hat schon 7 Seiten gelesen. Sie will noch 12 Seiten lesen. Wie viele Seiten hat sie dann insgesamt gelesen?

Das steht in der Aufgabe:

☐ Seiten bereits gelesen

☐☐ Seiten noch lesen

Danach wird gefragt:

Wie viele Seiten hat sie insgesamt gelesen?

So kannst du rechnen:

☐ + ☐☐ = ☐☐

Das ist die Antwort auf die Frage:

Lisa hat _____

_____

2 Tom ist auf Seite 8. Er liest noch 9 Seiten. Auf welcher Seite ist er dann?

Das steht in der Aufgabe:

☐ Seiten bereits gelesen

☐ Seiten noch lesen

Danach wird gefragt:

Auf welcher Seite ist er dann?

So kannst du rechnen:

☐ + ☐ = ☐☐

Das ist die Antwort auf die Frage:

Tom ist _____.

3 Anna wirft. Von 11 Dosen fallen 3 um. Wie viele bleiben stehen? Max wirft. Bei ihm fallen von 15 Dosen 7 um.
Bei wem bleiben mehr Dosen stehen?

Das steht in der Aufgabe:

Anna: Max:

☐☐ Dosen   ☐☐ Dosen

☐ Dosen fallen   ☐ Dosen fallen

Danach wird gefragt:

Bei wem bleiben mehr Dosen stehen?

So kannst du rechnen:

Anna: Max:

☐☐ − ☐ = ☐   ☐☐ − ☐ = ☐

Das ist die Antwort auf die Frage:

_____

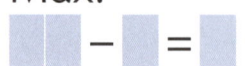

Kombinieren

1

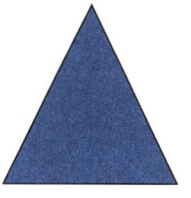 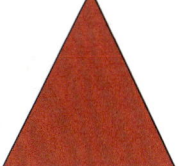  

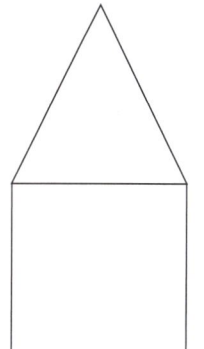 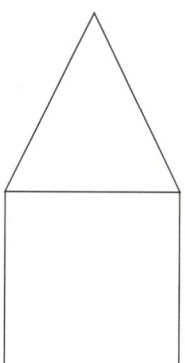 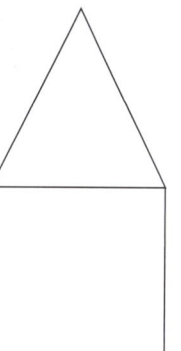 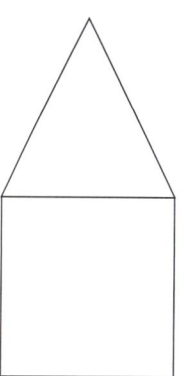

2

  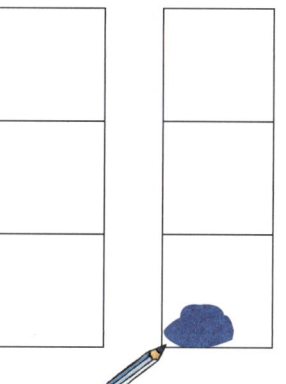 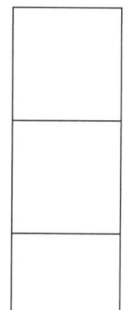 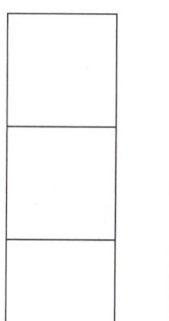 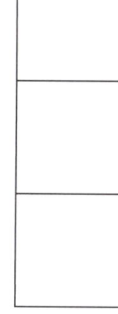

3

 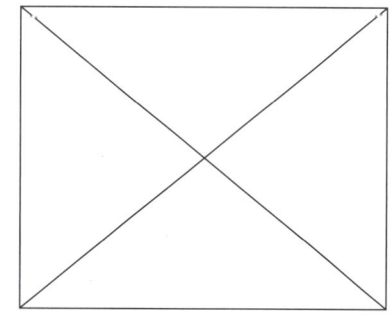 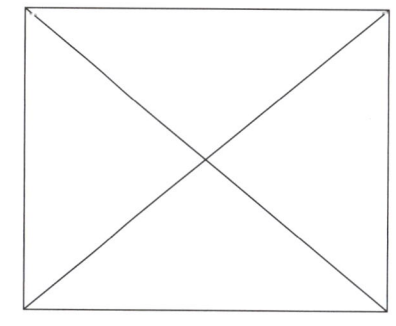

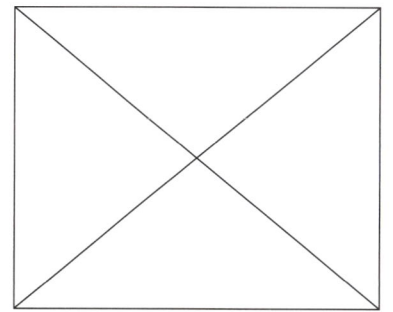 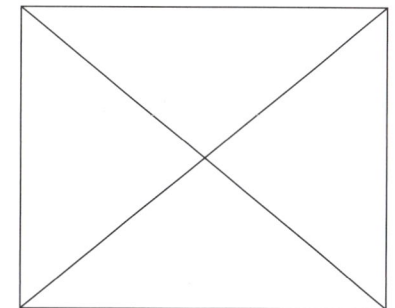 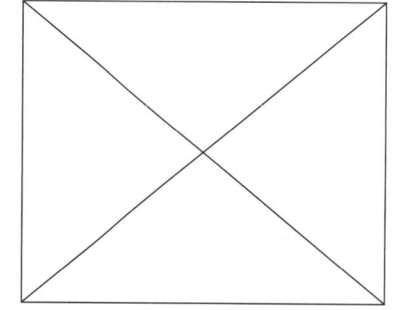

1

2

3

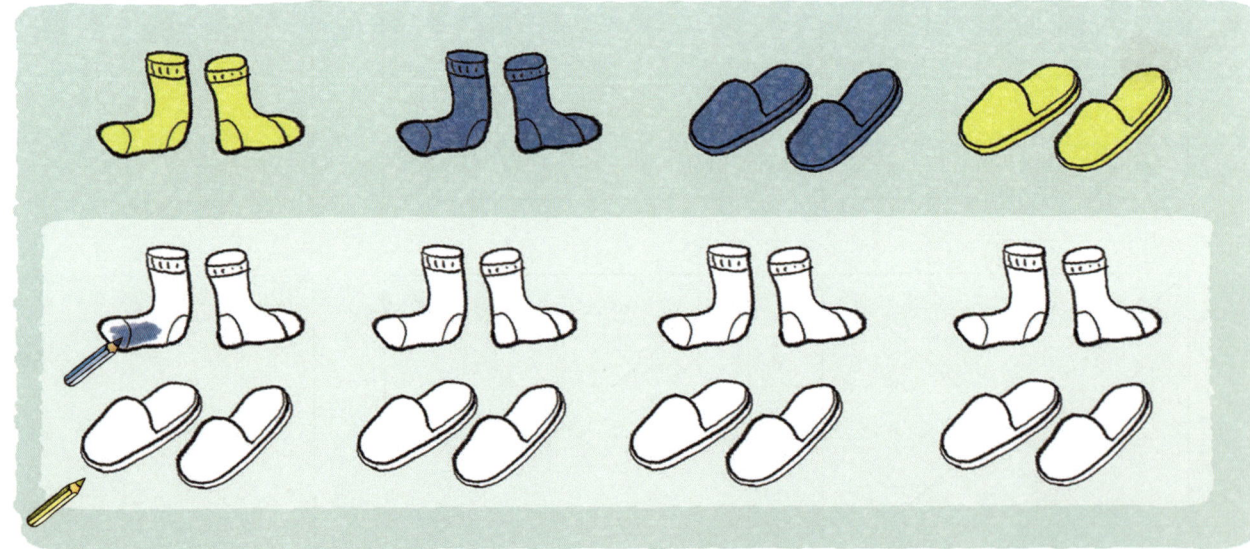

1 bis 3: Kombinationsmöglichkeiten finden; die Kleidungsstücke entsprechend ausmalen   **SB** 112–113

1 Vier Kinder wollen Tischtennis spielen.
Jeder soll gegen jeden spielen.
Maria behauptet, dass insgesamt
6 Spiele durchgeführt werden müssen.
Stimmt das? Überprüfe.
Vervollständige dazu die Tabelle.

Maria   Max   Ella   Ben

Spiel	1	2	3	4	5	6
Spieler	Ben Maria	Ben				

2 Max hat drei Autos und vier Hänger.
Er will immer ein Auto mit einem
Hänger koppeln.
Wie viele verschiedene Fahrzeug-
gespanne kann er koppeln?
Zeichne die Kopplungsmöglichkeiten
mit verschiedenen Farben ein.

3 Wie viele verschiedene Möglichkeiten gibt es, von
Seedorf über Neuhaus nach Berghausen zu wandern?
Male die Wanderwege in verschiedenen Farben ein.

4 Nimm immer drei Kugeln aus der Schachtel.
Wie viele verschiedene Kugelkombinationen
kannst du zusammenstellen? Male die Möglichkeiten.

1: Spieler in die Tabelle eintragen; Anzahl der Spiel bestimmen 2: Kopplungsmöglichkeiten farbig
einzeichnen; Anzahl bestimmen 3: Verschiedene Wege farbig einzeichnen; Anzahl bestimmen **SB** 112–113 59
4: Kombinationsmöglichkeiten ausmalen: Anzahl bestimmen

Strecken messen und vergleichen

1 Miss die Länge jeder Strecke. Notiere ihre Länge.

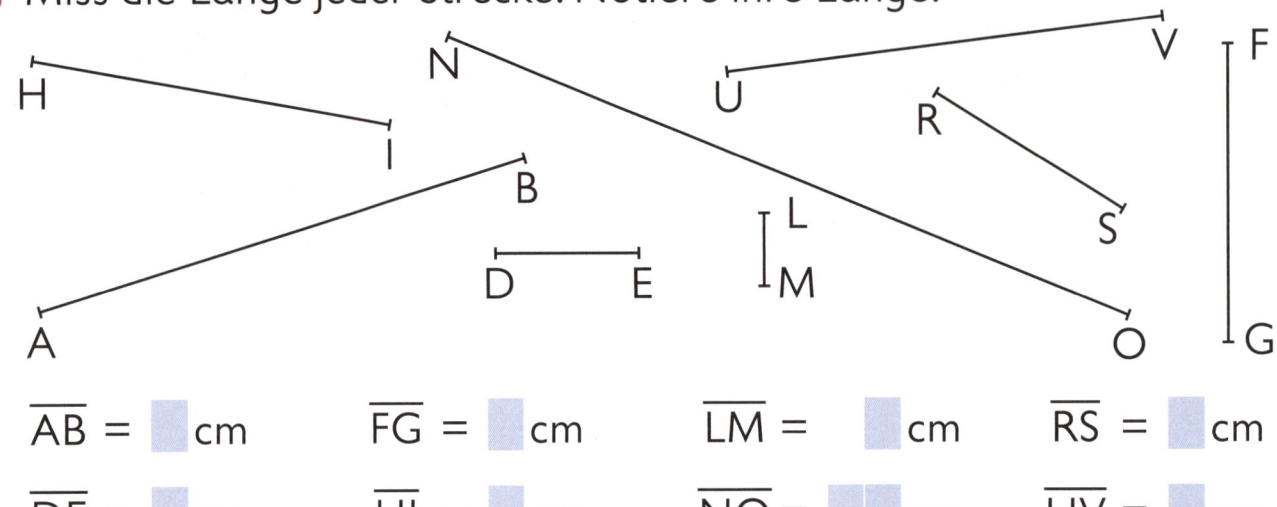

$\overline{AB}$ = ▢ cm $\overline{FG}$ = ▢ cm $\overline{LM}$ = ▢ cm $\overline{RS}$ = ▢ cm

$\overline{DE}$ = ▢ cm $\overline{HI}$ = ▢ cm $\overline{NO}$ = ▢▢ cm $\overline{UV}$ = ▢ cm

2 Vergleiche.

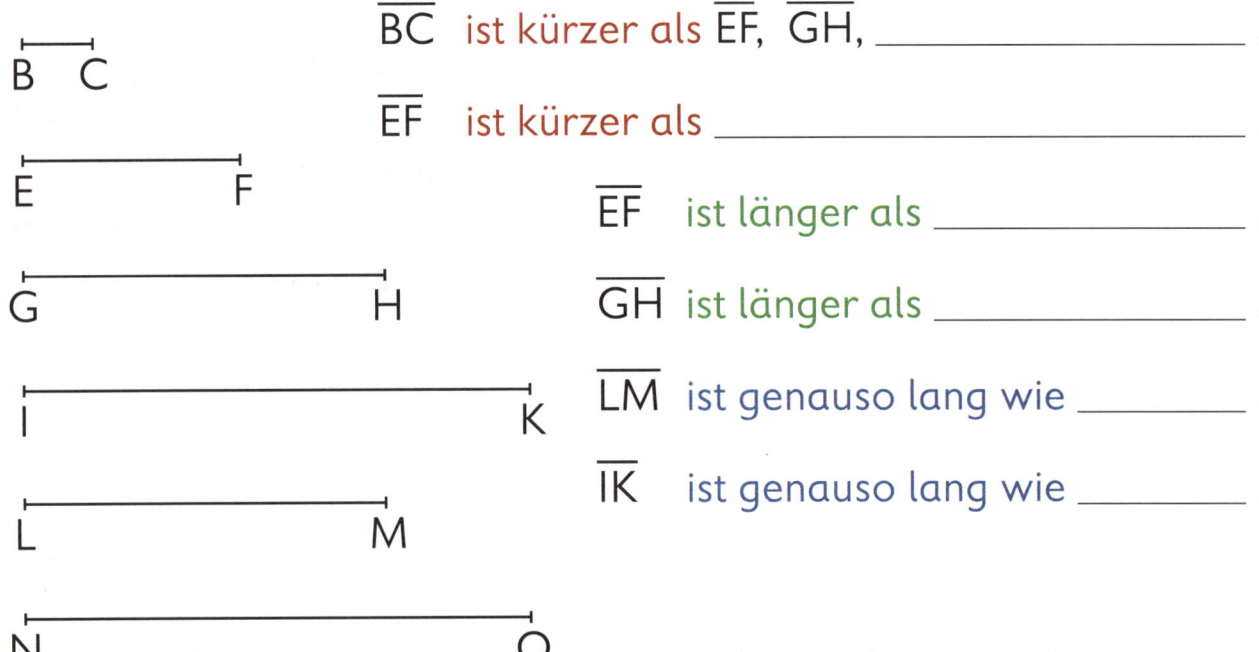

$\overline{BC}$ ist kürzer als $\overline{EF}$, $\overline{GH}$, _____ .

$\overline{EF}$ ist kürzer als _____ .

$\overline{EF}$ ist länger als _____ .

$\overline{GH}$ ist länger als _____ .

$\overline{LM}$ ist genauso lang wie _____ .

$\overline{IK}$ ist genauso lang wie _____ .

3 Welcher Hund hat den kürzesten Weg zum Knochen?

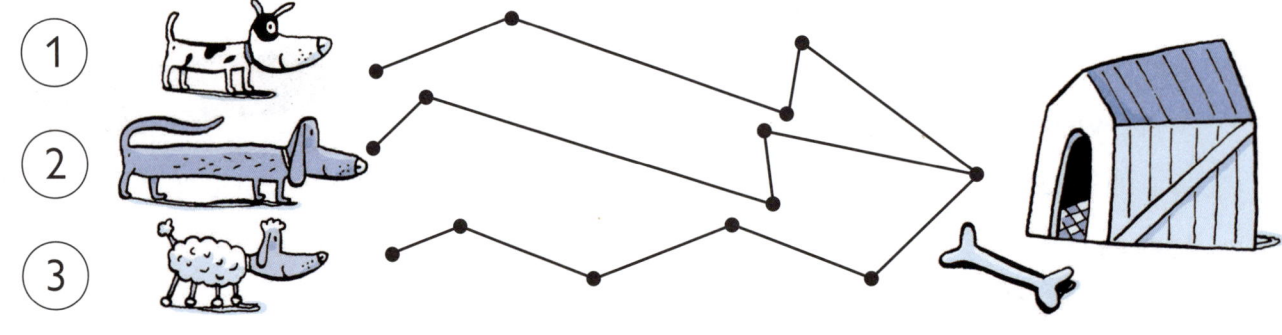

① ② ③

Strecken zeichnen

1 Färbe. 3 cm lange Strecke = blau
4 cm lange Strecke = gelb
5 cm lange Strecke = rot

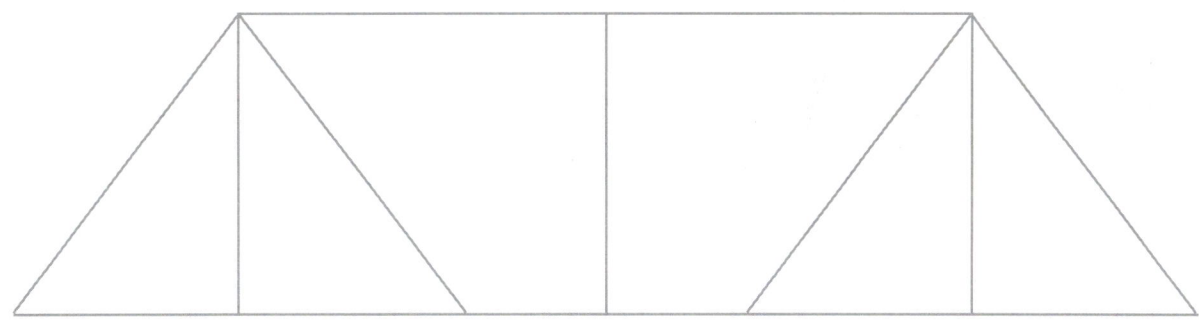

2 Zeichne Strecken.

$\overline{AB}$ = 8 cm

$\overline{CD}$ = 6 cm

$\overline{EF}$ = 4 cm

$\overline{GH}$ = 2 cm

3 Rechne und zeichne Strecken.

3 cm + 4 cm _____ $\overline{CD}$ = 7 cm

5 cm + 3 cm $\overline{FG}$ = ▢ cm

4 cm + 4 cm $\overline{KL}$ = ▢ cm

7 cm + 3 cm $\overline{NO}$ = ▢ cm

4 Zeichne eine Strecke $\overline{EF}$, die doppelt so lang ist wie die Strecke $\overline{AB}$.
Zeichne eine Strecke $\overline{MN}$, die halb so lang ist wie die Strecke $\overline{CD}$.

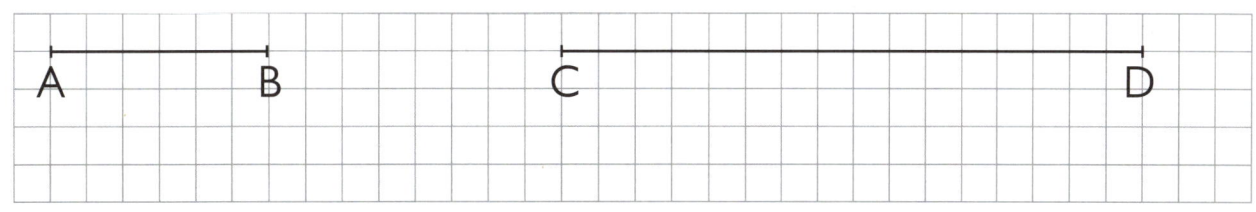

Die Zehnerzahlen bis 100

1

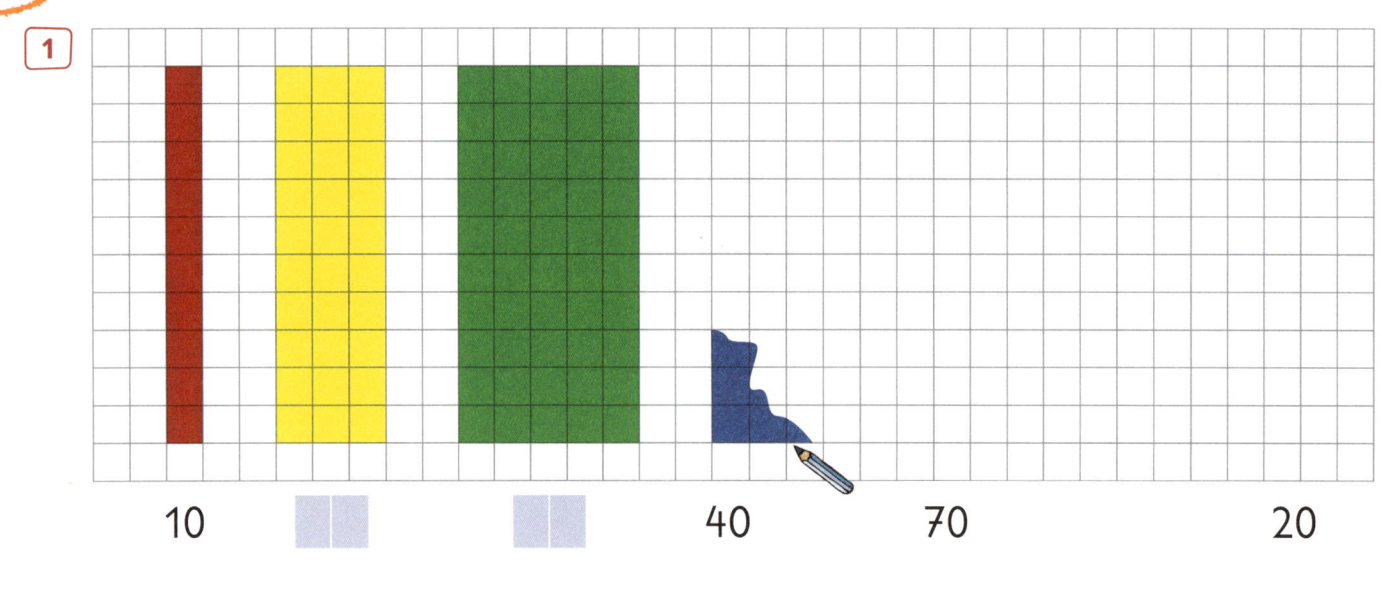

10   ☐☐   ☐☐   40   70   20

2

☐☐ ct   ☐☐ ct   ☐☐ ct   ☐☐ €   ☐☐ €

3

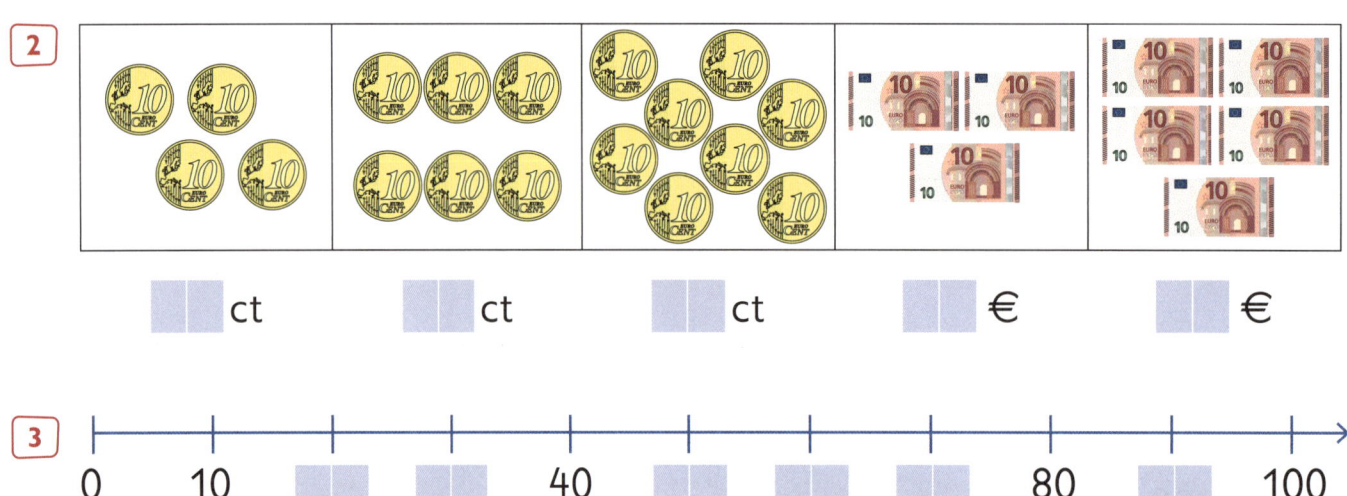

0   10   ☐☐   ☐☐   40   ☐☐   ☐☐   80   ☐☐   100

4 Ordne. Beginne mit der größten Zahl.

20   80   60   100   40   30   50   ☐ ☐ ☐ ☐ ☐ ☐ ☐

5 Vergleiche: <, =, >.

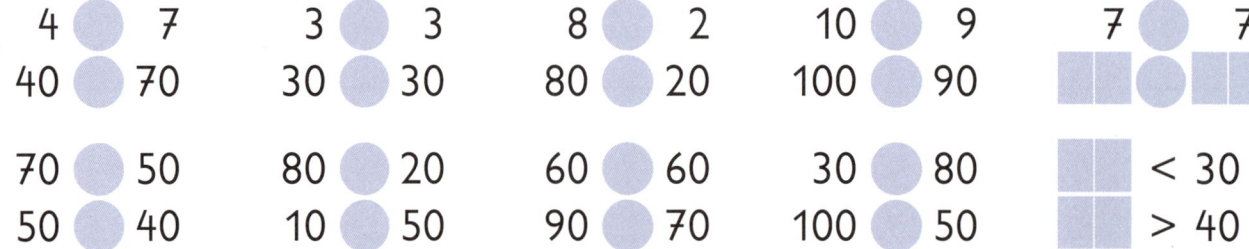

4 ◯ 7	3 ◯ 3	8 ◯ 2	10 ◯ 9	7 ◯ 7
40 ◯ 70	30 ◯ 30	80 ◯ 20	100 ◯ 90	☐☐ ◯ ☐☐
70 ◯ 50	80 ◯ 20	60 ◯ 60	30 ◯ 80	☐ < 30
50 ◯ 40	10 ◯ 50	90 ◯ 70	100 ◯ 50	☐☐ > 40

Rechnen mit Zehnerzahlen

1
6 + 2 =	8 + 1 =	10 − 5 =	8 − 5 =
60 + 20 =	80 + 10 =	100 − 50 =	80 − 50 =

5 + 3 =	4 + 4 =	6 − 3 =	7 − 4 =
50 + 30 =	40 + 40 =	60 − 30 =	70 − 40 =

2

Rechenmauern:

- 30 | 10 40
- 100 | 60 | 20
- 80 | 50 | 20
- 20 50 | 10

3

+	10	30	20	40	50
20					
40					

−	10	30	0	50	70
70					
90					

4

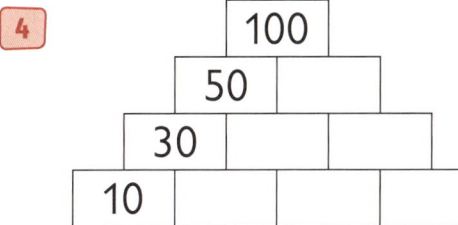 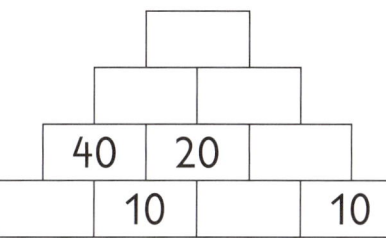 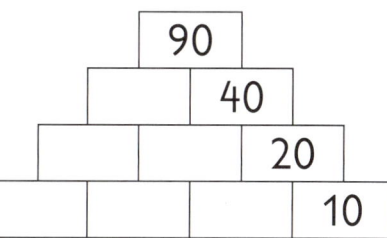

- 100 | 50 | 30 | 10
- 40 20 | 10 10
- 90 | 40 | 20 | 10

5 Bilde mit den Zahlen 30, 70 und 100 eine Aufgabenfamilie.

 = 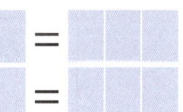    =
□ ○ □ = □   □ □ ○ □ =

4 Aufgaben sind eine Familie.
2 Aufgaben mit +.
2 Aufgaben mit −.

6 Verdopple und halbiere.

Zahl	20	10	30			
Das Doppelte				100	80	60

Zahl	80	60	100			
Die Hälfte				20	30	10

7 Vergleiche die Hälfte von 80 mit dem Doppelten von 20. Welches Zeichen kannst du einsetzen: <, =, > ?

Die Hälfte von 80		Das Doppelte von 20
□	○	□ □

Alle Zahlen bis 100

1

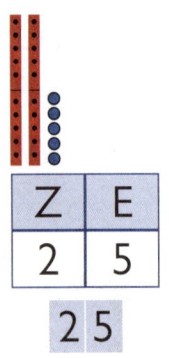

Z	E
2	5

2 5

Z	E

Z	E

Z	E

Z	E

Z	E

2 Stelle die Zahlen dar.

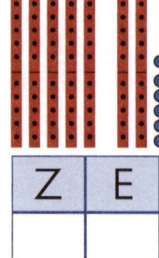
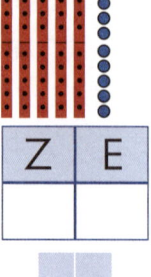

23    65    40

48   56   87

71   99   32

3 Ergänze.

Zahl	Z	E
54	5	4
65		
73		
85		
97		

Zahl	Z	E
23	2	3
	7	2
	9	1
	5	0
	3	9

Zahl	Z	E
	3	7
26		
	5	1
70		
	1	3

4 Trage die fehlenden Zahlen ein.

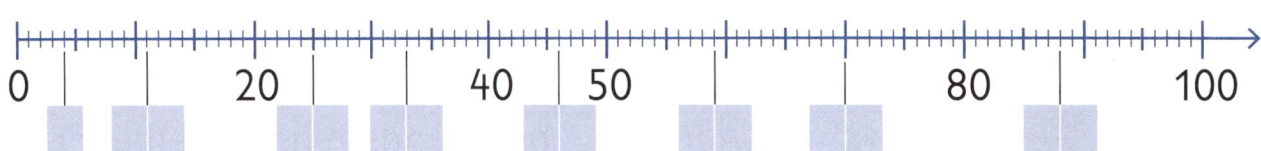

0   20   40   50   80   100

5

25 = 20 + 5   85 = ☐ + ☐   ☐ = 20 + 7
33 = 30 + ☐   72 = ☐ + ☐   ☐ = 40 + 4
54 = 50 + ☐   64 = ☐ + ☐   ☐ = 30 + 6
43 = ☐ + ☐   88 = ☐ + ☐   ☐ = 50 + 2
29 = ☐ + ☐   97 = ☐ + ☐   ☐ = 30 + 5

64

1: Zahlen den Bildern zuordnen   2: Zahlen grafisch darstellen   3: Zahlen in Zehner und Einer zerlegen   4: Zahlen antragen   5: Zahlen in Summen aus Zehnern und Einern zerlegen   **SB** 128–129 **TÜ** 61–62

Die Hundertertafel

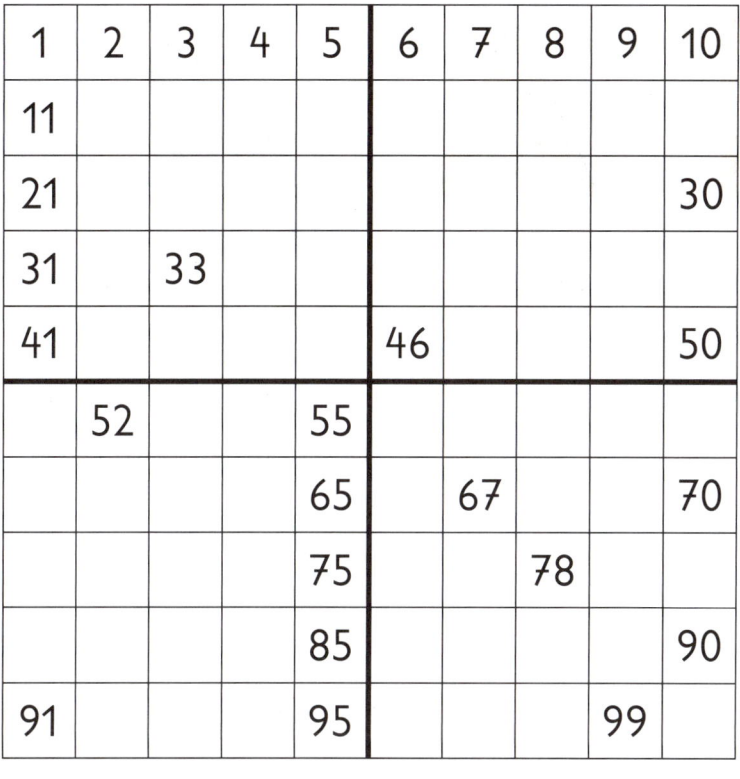

1	2	3	4	5	6	7	8	9	10
11									
21									30
31		33							
41					46				50
	52			55					
				65		67			70
				75			78		
				85					90
91				95				99	

1 Trage alle Zahlen bis 100 in die Hundertertafel ein.

2 Schreibe alle Zahlen auf:
- die **über** der 64 stehen:

- die **unter** der 64 stehen:

- die **rechts** von der 64 stehen:

- die **links** von der 64 stehen:

3 Färbe die Kästchen mit folgenden Zahlen rot.

23, 28, 33, 54, 38, 43, 55, 48, 53,
56, 58, 63, 68, 73, 78, 57, 83, 88

Welchen Buchstaben entdeckst du?
Schreibe ihn auf.

4 Setze mit einem Spielstein und schreibe alle Zahlen auf.
In welche Richtung hast du gesetzt? ➝, ⬅, ⬆, ⬇

31	32	33										40	➝
60	59	58										51	
10	20	30										100	
95	85	75										5	

5 Welche Zahlen liegen zwischen

35 und 40? _____

89 und 95? _____

6

V	Z	N
	59	
	31	
	70	

Sammeln von Daten

1

卌	5

2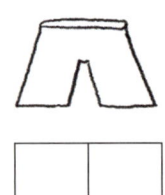

3

4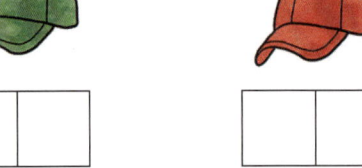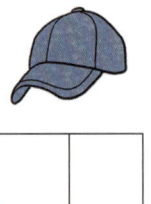

1 bis 4: Strichliste/Zahl; Anzahl der Mädchen und Jungen; Anzahl der Brillen und Basecaps; Anzahl der jeweiligen Hosen und T-Shirts bestimmen

Lieblingsfarbe – Lieblingszahl – Lieblingstier

Frage die Kinder deiner Klasse und fertige dazu eine Strichliste an.

1 Welche Farbe ist deine Lieblingsfarbe?

Farbe						
Anzahl der Kinder						

Welche Farbe wurde am häufigsten genannt?   die Farbe _____

Wie viele Kinder haben diese Farbe genannt?   ▮▮ Kinder

Welche Farbe wurde am wenigsten genannt?   die Farbe _____

Wie viele Kinder haben diese Farbe genannt?   ▮▮ Kinder

Welche Farbe wurde von keinem Kind genannt?   die Farbe _____

2 Welche der Zahlen 1 bis 10 ist deine Lieblingszahl?

Zahl	1	2	3	4	5	6	7	8	9	10
Anzahl der Kinder										

Welche Zahl ist die Lieblingszahl der meisten Kinder? die Zahl ▮▮

Welche Zahl ist die Lieblingszahl der wenigsten Kinder?
die Zahl ▮▮

Welche Zahl wurde von keinem Kind als Lieblingszahl genannt?
die Zahl ▮▮

3 Welches dieser Tiere ist dein Lieblingstier?

Tier					
Anzahl der Kinder					

Welches Tier ist Lieblingstier der meisten Kinder? _____

Welches Tier haben die wenigsten Kinder genannt? _____

Informationen aus Tabellen

1

				3

2

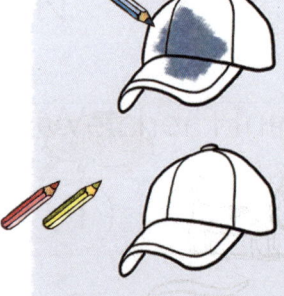
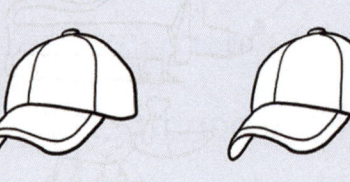
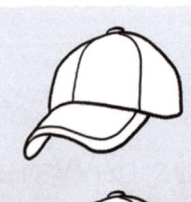
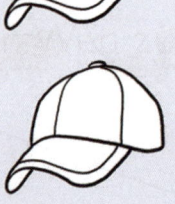
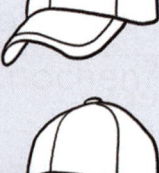

1 und 2: Ziffer der Strichangabe zuordnen; Hosen/Basecaps entsprechend der Vorgabe
(Farbe und Anzahl) ausmalen

SB 131

1

Arbeitsgemeinschaft	Töpfern	Malen	Musizieren	Turnen
Mädchen	13	8	12	20
Jungen	7	9	6	10

Welche Arbeitsgemeinschaft hat die meisten Teilnehmer?

Arbeitsgemeinschaft: _____ . Sie hat ▮▮ Teilnehmer.

Welche Arbeitsgemeinschaft hat die wenigsten Teilnehmer?

Arbeitsgemeinschaft: _____ . Sie hat ▮▮ Teilnehmer.

Wahr (w) oder falsch (f)? Kreuze an.

Zum Turnen gehen doppelt so viele Mädchen wie Jungen. (w) (f)

Beim Töpfern sind 4 Mädchen mehr als Jungen. (w) (f)

Es musizieren nur halb so viele Jungen wie Mädchen. (w) (f)

2 Max und Lisa haben beim Würfeln eine Strichliste geführt.

Augenzahl	•	••	•••	••••	•••••	••••••
Max	II	IIII	III	IIII	IIII IIII II	IIII
Lisa	IIII	III	IIII	II	IIII I	IIII IIII

Wievielmal hat jeder gewürfelt?   Max: ▮▮   Lisa: ▮▮

Welche Augenzahl wurde
am häufigsten gewürfelt?   bei Max: ▮▮   bei Lisa: ▮▮

Wahr (w) oder falsch (f)? Kreuze an.

Max hat die doppelt so oft gewürfelt wie Lisa. (w) (f)

Lisa hat die häufiger gewürfelt als Max. (w) (f)

Lisa hat die weniger gewürfelt als Max. (w) (f)

Geldwerte bis 100 Euro

1 Immer 100 ct = 1 €. Kreise ein.

2 Wie viel Cent sind es?

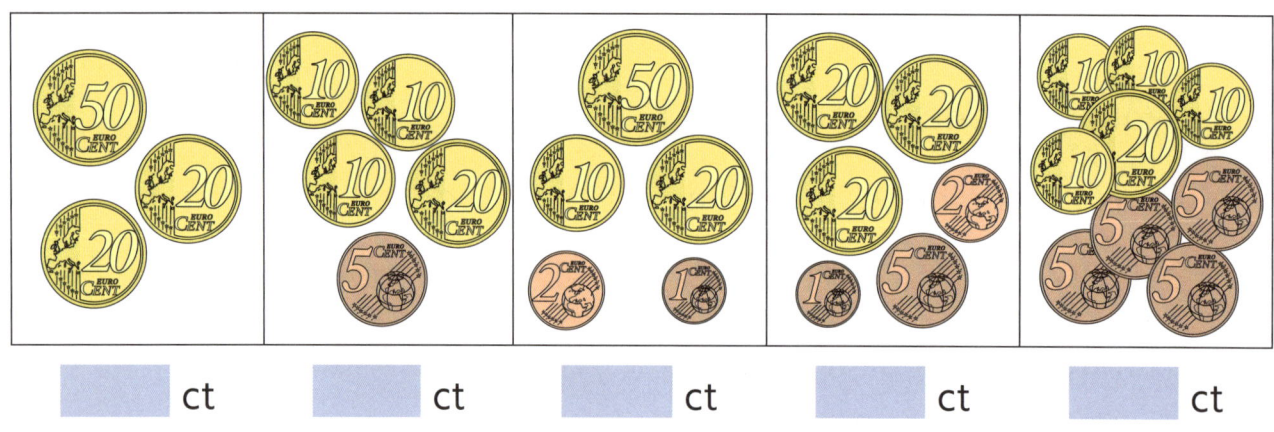

| ct | ct | ct | ct | ct |

3 Lege und male.

60 ct	80 ct	53 ct	68 ct	1 €

4

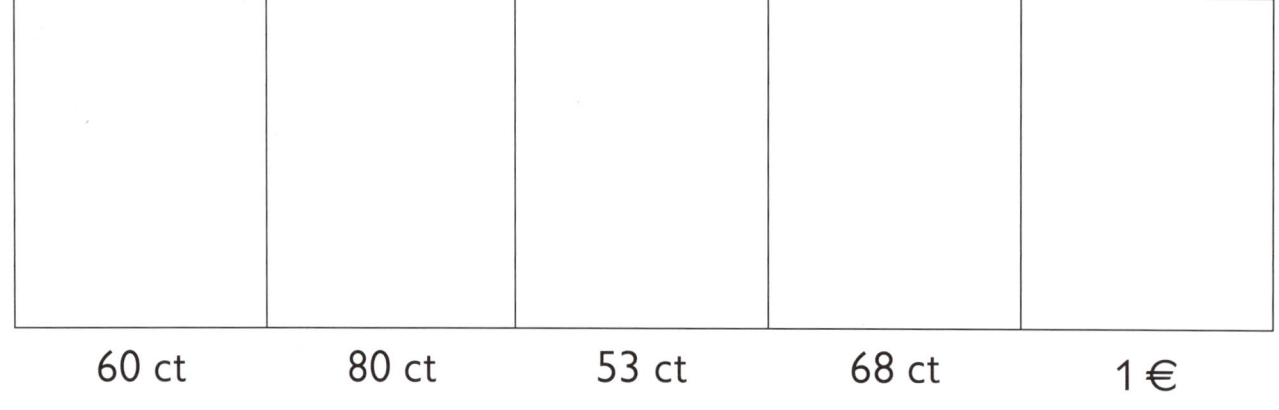

| Maria kauft: | 70 ct | | Anna kauft: | 80 ct | | Tom kauft: | 60 ct |
| Sie gibt: | | | Sie gibt: | | | Er gibt: | |

Sie erhält ☐ ct zurück.

Sie erhält ☐ ct zurück.

Er erhält ☐ ct zurück.

1: Geeignete Münzen zum Geldbetrag von 100 ct = 1 € zusammenfassen   2: Geldbetrag bestimmen
3: Gegebenen Geldbetrag legen und zeichnen   4: Differenz / Summe der Geldbeträge ermitteln

1

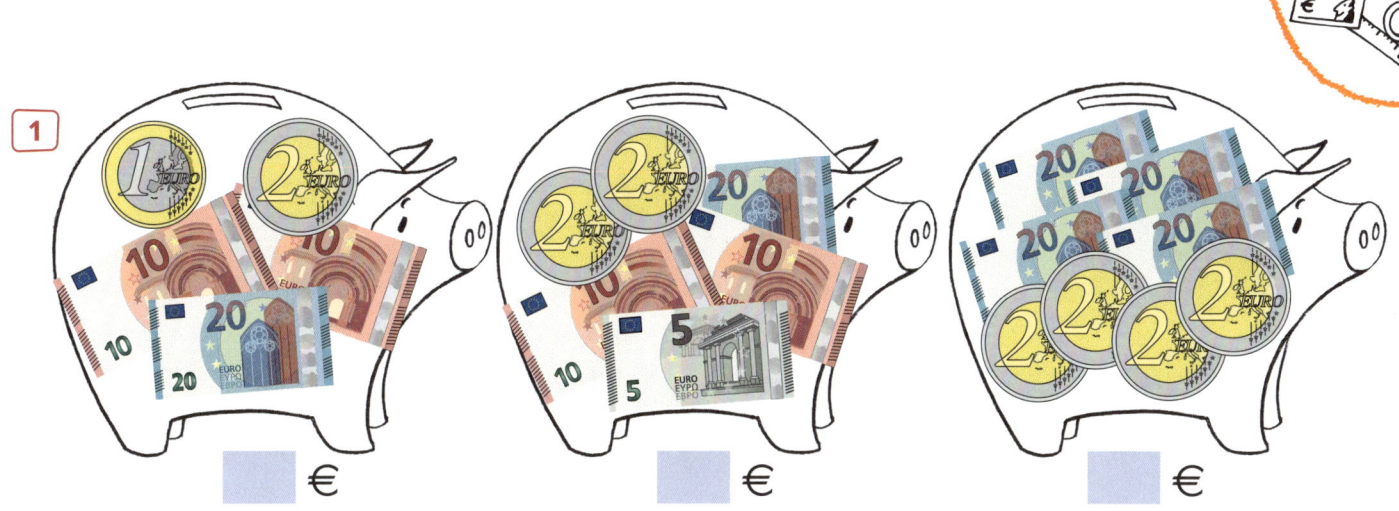

[   ] €   [   ] €   [   ] €

2 Lege und trage die Anzahl der Scheine und Münzen ein.

Betrag	50	20	10	5	2€	1€
35 €						
90 €						
71 €						
52 €						
46 €						

3 Welche Karten gehören zusammen? Färbe in der gleichen Farbe.

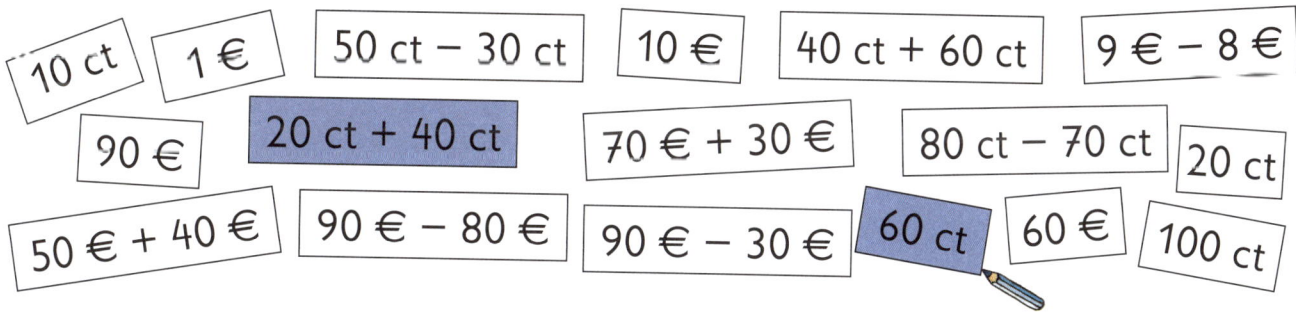

10 ct   1 €   50 ct − 30 ct   10 €   40 ct + 60 ct   9 € − 8 €

90 €   20 ct + 40 ct   70 € + 30 €   80 ct − 70 ct   20 ct

50 € + 40 €   90 € − 80 €   90 € − 30 €   60 ct   60 €   100 ct

4 Rechne und vergleiche: <, =, >.

20 € ⬤ 10 € + 20 €   20 € + 50 € ⬤ 60 € + 10 €

50 € ⬤ 30 € + 30 €   50 € + 30 € ⬤ 60 € + 30 €

80 ct ⬤ 20 ct + 50 ct   90 € − 50 € ⬤ 50 € + 10 €

1 € ⬤ 60 ct + 40 ct   30 ct + 30 ct ⬤ 30 ct − 30 ct

5 Ben hat 13 €. Er gibt Tom 4 €. Nun haben beide gleich viel Geld.
Wie viel Euro hatte Tom vorher? [   ] €

1: Geldbetrag berechnen   2: Gegebenen Geldbetrag in Münzen und Scheine zerlegen; verschiedene
Möglichkeiten erörtern   3: Gleiche Geldbeträge zuordnen   4: Summe/Differenzen ermitteln, vergleichen, Relationszeichen setzten   5: Inhalt erfassen; Aufgabe finden und lösen   **SB** 133 **TÜ** 63   71

Uhr – Uhrzeit

1 Lies die Uhrzeit ab.

| _____ Uhr | _____ Uhr | _____ Uhr | _____ Uhr | _____ Uhr |
| _____ Uhr | _____ Uhr | _____ Uhr | _____ Uhr | _____ Uhr |

| _____ Uhr | _____ Uhr | _____ Uhr | _____ Uhr | _____ Uhr |
| _____ Uhr | _____ Uhr | _____ Uhr | _____ Uhr | _____ Uhr |

2 Trage die Zeiger ein.

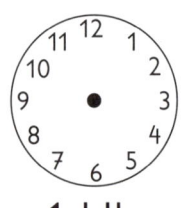  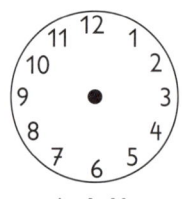  

| 1 Uhr | 3 Uhr | 6 Uhr | 8 Uhr | 10 Uhr |
| 13 Uhr | 15 Uhr | 18 Uhr | 20 Uhr | 22 Uhr |

3 Ordne zu.

1: Uhrzeit ablesen und einstellen   2: Uhrzeit eintragen   3: Uhrzeit zum Tagesablauf zuordnen   **SB** 134–135 **TÜ** 64